오은영

연세대학교 의과대학을 졸업하고 동 대학원에서 석사 학위를, 고려대학교 대학원에서 의학 박사 학위를 취득했으며 신촌 세브란스병원에서 정신과 전공의를 지냈다. 이후 SBS 〈우리 아이가 달라졌어요〉와 EBS 〈부모〉 등에 출연하여 아이들의 마음을 정확히 짚어주고, 변화된 모습을 이끌어내면서 부모들에게 높은 호응을 받았다. 현재 연세대학교 의과대학 외래교수이자 아동학대예방센터 전문위원, 오은영 소아청소년클리닉 및 학습발달연구소 원장으로 활동하고 있으며, 저서로 『내 아이가 힘겨운 부모들에게』 『불안한 엄마 무관심한 아빠』 등이 있다.

오은영의 사춘기 터널 통과법 _ 아이편
오늘 하루가 힘겨운 너희들에게

지은이 | 오은영
1판 1쇄 펴낸날 2015년 3월 25일 | 1판 18쇄 펴낸날 2025년 8월 1일

펴낸곳 녹색지팡이&프레스(주) | 펴낸이 강경태
구성 김미연 | 등록번호 제16-3459호
주소 서울시 강남구 테헤란로86길 14 윤천빌딩 6층 (우)06179
전화 (02)3450-4151 | 팩스 (02)3450-4010
ⓒ 오은영, 2015
ISBN 978-89-94780-81-8 14180
ISBN 978-89-94780-79-5 14180(세트)

* 이 책의 출판권은 저작권자와 독점 계약한 녹색지팡이&프레스(주)에 있습니다.
  저작권법에 의해 보호를 받는 저작물이므로 무단 전재와 무단 복제를 금합니다. (CIP제어번호: CIP2015007713)

오늘 하루가 힘겨운 너희들에게

오은영 지음

녹색지팡이

작가의 말
번데기 속 나의 친구들, 더 이상 서러워 마

　나비의 성장 과정에 대해 알고 있니? 알에서 애벌레가 되었다 번데기를 거쳐 나비가 되지. 나비의 일생 중 가장 중요하지만 가장 답답하기도 한 시기가 언제일까? 바로 번데기 시기야. 번데기가 된 애벌레는 좁고 깜깜한 사방을 둘러보지만 보이는 건 아무것도 없어. 눈을 떠도 감아도 똑같은 암흑뿐, 무슨 일이 생길지도 전혀 예측할 수 없지. 내가 살았는지 죽었는지도 모르겠고, 내 몸을 내 마음대로 움직일 수 없는 이런 상황이 영원히 이어질지도 모른다는 불안감이 엄습할 거야. "왜 나만……." 하는 신세 한탄에 원망스러운 마음이 들겠지.

　그런데 한참을 자포자기하는 심정으로 눈을 감고 있자니 어느 순간 내 안이 보이기 시작해. 그때부터는 온전히 '나'에 집중할 수 있게 되지. 그러자 세포 하나하나가 느껴지면서 내 안의 생각들이 나에게 말을 걸기 시작해. 번데기 속 애벌레는 그렇게 쉼 없이 나를 느끼고 나를 생각하는 거야. 그렇게 자기도 모르는 사이 조금씩 '진정한 나'가 되어가는 거지. 그러다 어느 순간, 제 몸을 짓누르던 번데기를 뚫고 나가고 싶은 마음과 용기가 생겨. 생각만큼 쉽지 않고 포기해 버리고 싶은 마음이 들 때도 많지만 그게 자기가 할 일이라는 확신이 있기 때문에 멈추지 않고 계속하지. 그러자 어느 순간 딱딱하고 절대 깨질 것 같지 않던 번데기에 작은 구멍 하나가 생겼어! 그런데 그 작은 구멍에서 눈부시게 밝은 한 줄기 빛이 쏟아져 들어오는 거야. 하지만 작은 구멍만으로는 이 번데기를 다 뚫고 나갈 수 없지. 내 몸이 다 빠져나갈 수 있을 만큼 커다란 구멍이 만들어질 때까지 힘든 일을 계속해야 해.

얼마나 지났을까? 힘겨운 몸부림 끝에 애벌레가 번데기를 뚫고 밖으로 나왔어. 그런데 맙소사, 세상 밖이 어땠는지 알아? 온통 빛이었어. 그리고 자신은 눈부신 빛만큼이나 아름답고 화려한 나비가 되어 있었지. 언제부터 내가 이런 모습이었는지 알 수는 없지만 커다란 날개도 생겼어. 파닥파닥 첫 날갯짓을 해보는 순간 놀라운 자유가 찾아왔어. 나비는 그때부터 커다란 날갯짓을 하며 세상을 향해 힘껏 날아올랐지.

나는 사춘기가 나비의 번데기 시절 같아. 뭘 해야 할지도 모르겠고, 해도 안 될 것 같은 암울하고 답답한 생각만 드는 시기. 지금 너희가 얼마나 힘든지 알아. 한 치 앞이 안 보이는 터널 속 같은 기분, 말 통하는 사람 도와주는 사람 하나 없는 섬 같은 느낌, 가슴 저 아래에서 부글거리는 활화산을 달래고 달래면서 사는 그 마음…… 너무나 잘 알고 있단다. 내 직업은 소아청소년 정신건강의학과 전문의야. 마음이 아픈 사람을 치료하는 의사지. 그래서 매일 마음이 아픈 아이들을 만나거든. 그것도 너무나 많이……. 하나같이 억울하고 안쓰럽고 가슴 아픈 이야기들이야. 그래서 결심했지. 너희들의 이야기를 내가 세상에 전하기로. 너의 마음을 잘 통역해서 엄마, 아빠한테 전달해 주기로. 그리고 무엇보다 너의 마음을 온전히 너에게 전달하기로 말이야. 애벌레가 번데기 속에서 온전히 나에 집중해 '진정한 나'가 되듯, 네가 '진정한 너'를 찾게 해줄 거야. 그래서 너 스스로 너를 다듬고, 번데기를 가르고 나올 수 있게 도와줄 거야. 참, 그런데 너희 그거 아니? 나비가 번데기를 뚫고 나올 때, 힘겨워 보인다고 작은 구멍을 크게 뚫는 걸 누군가 도와주면, 그 나비는 날지 못한대. 나비에게는 그 과정이 날기 위한 필수 과정인 거지. '피할 수 없다면 즐겨라', 알지? 너희가 반드시 거쳐가야 할 이 과정을 무사히, 즐겁게 지나갈 수 있게 내가 도와줄게.

자, 나의 친구들. 이렇게라도 만나게 돼서 정말 반갑다. 이 책이 어떤 경로로 너의 손에 들어왔는지 모르겠지만, 분명히 약속할 수 있어. 이 책을 펼치고 있는 동안, 너의 마음이 조금은 뚫릴 거라는 사실이야. 그리고 이 힘겨운 세상, 통쾌하고 유쾌하게 헤쳐 나가고 싶은 힘이 생길 거야. 기대해도 좋아.

아자, 아자, 파이팅!

2015년 3월의 어느 날

오은영

차례

작가의 말
번데기 속 나의 친구들, 더 이상 서러워 마

억울하지?

하나같이 죄수 취급, 나는 너희가 너무 안쓰럽다	013
억울할 때는 참지 말고 네 생각을 밝혀!	018
절대 선은 넘지 마! 자칫 잘못하면 네가 다 뒤집어쓰게 돼	023
욕을 조심해! 치명적인 반전이 일어날 수 있어	027
그 인간이 내 인생에 그렇게 중요한 사람인가 따져봐	029
한 놈만 잡아. 나머지는 눈감아 주는 거야	032
예쁘다고 잘해 주고, 공부 잘한다고 봐주고……	036
억울해서 미칠 것 같을 때 네가 꼭 해야 하는 일	040

Theme 2

터져버릴 것 같지?

화가 펑! 원장님도 그랬어	046
화 때려치울까? 나가 버릴까? 그다음은?	050
네 아이가 "학교는 왜 그만두셨어요?" 하고 묻는다면?	055
꼭 화를 터뜨려야 상대가 잘 알아들을까?	057
한 걸음 떨어져서 너를 봐. 정말 불편한 게 뭐니?	061
치사하고 더러워도 중간 과정을 생략하지 마	067
"제발 나 좀 건드리지 마!"라고 말하고 싶을 때	070
불합리해 보이는 것 중에는 네가 모르는 면이 있어	073

Theme 3

너무 외롭지?

사람은 원래 외로운 거야	078
해야 할 일이 너무 많아도, 너무 없어도 외로워	081
덜 외로우려면 진실한 자기 모습을 봐야 해	084
빈정거리고 찌르는 건 절대 친밀감의 표시가 아니야	089
너는 진정한 친구가 뭐라고 생각하니?	092
힘의 균형이 깨지면 너도 피해자가 될 수 있어	095
스마트폰을 붙잡고 있으면 정말 안 외롭니?	099
이성 친구? 그게 뭐 어때서?	105

왜 그렇게 귀찮을까?

어른들이 너희에게 해도 해도 너무한다고 할 때	109
너도 '귀차니즘'이 있니?	112
게임이 무서운 진짜 이유	115
너희가 집단으로 귀차니즘에 빠진 이유	121
귀찮다고 안 하면 상황이 악화되는 경우가 많아	125
귀차니즘의 화살이 너에게 돌아올 수도 있어	128
너도 귀차니즘에서 벗어나고 싶니?	132

너는 사는 게 재밌어야 한다고 생각하니?

사람은 왜 살까?	135
네가 재미있어 하는 일, 좋아하는 일은 뭐니?	138
'생각하는 것' 싫지? 하지만 그래도 해야 돼!	142
꼭 공부가 아니어도 돼. 열심히 하기만 해	145
반드시 뭔가 대단한 사람이 되어야 하는 것은 아니야	148
매일매일의 삶이 꼭 재미있어야 할까?	151

Theme 6

부모님은 왜 너를 이해하지 못할까?

부모님이 '열심히' '최선을 다해서'를 달고 사는 이유	156
사람이 누군가를 이해한다는 건 참 힘든 일이야	160
다른 집 부모님이 부럽니?	163
부모님이 싫어? 그럼 지능적으로 멀어져!	166
문제 많은, 그러나 버릴 수도 없는 너의 부모님에 대해	169
네가 먼저 달라져. 그럼 모두 긴장하게 되어 있어	172
부모님의 지긋지긋한 잔소리를 안 들으려면	178
부모님의 말은 태도가 아니라 내용만 받아들여	181
부모님에게 고민을 털어놓지 못할 때는?	184

Theme 7

그럼에도 불구하고 '쫄지 마'

목숨을 위협받는 상황이 아니라면 쫄 이유가 없어	189
어른들에게 쫄지 마. 그냥 네가 너그럽게 이해해 줘	191
성적에 쫄지 마	196
친구에 쫄지 마	199
당장은 아무것도 결정되지 않아. 미래에 쫄지 마	202
지금 네가 굳게 믿어야 할 건 바로 '너'	205

Theme 1

도통 믿어주지는 않으면서
무조건 힘으로만 누르려 하고
내가 어떻게 할 수 있는 일도 아닌데…
참 부당한 세상이야

억울하지?

하나같이 죄수 취급,
나는 너희가 너무 안쓰럽다

원장님이 어릴 적, 그러니까 '사춘기 청소년'이라고 불렸던 시절에는 말이야, 남자아이들은 머리를 빡빡 깎고, 여자아이들은 귀밑 1~2cm 길이로 단발머리를 해야 했어. 그리고 흰색이나 검은색, 푸른색 계열의 교복을 입었지. 그래서 단체 사진을 찍어 놓으면 부모들도 제 자식을 찾아내는 게 어려울 만큼 다들 비슷한 모양새를 하고 다녔어. 마치 똑같이 찍어낸 로봇들을 줄지어 세워놓은 것 같았지. 그때는 학교마다 다른 디자인의 교복을 입히기보다는 비슷비슷한 교복을 입게 했거든. 어디서 누가 봐도 학생이라는 걸 대번에 알아볼 수 있었지. 지금도 중학생들은 대부분 교복을 입지? 물론 원장님 어릴 때와는 비교도 안 될 정도로 색감과 디자인이 예쁘기는 해. 게다가 두발도 자율화되었고.

 두발이 자율화되기 전에는 머리카락 때문에 원장님을 찾아오는 친구들이 많았어. 여자아이들뿐 아니라 남자아이들도 머리카락을 자르느니 차라리 학교를 그만두겠다고 버티다가 온 거였지. 부모님은 부모님대로 "머리 때문에 학교를 그만둔다는 게 말이 돼? 그것 좀 자르는 게 뭐 그리 대수라고!"라며 소리를 지르고, 아이는 아이대로 "됐다고요. 난 절대 못 잘라요!"라며 온몸으로 저항했어. 아무리 두발과 복장이 자율화되었다고 하지만, 요즘에도 학생의 머리 길이나 색깔이 단정하지 않으면, 선생님이나 부모님들이 알게 모르게 눈치를 주곤 하지?

 지나친 비약일지도 모르지만, 너희들처럼 두발과 복장을 규제 당하는 사람들이 또 있어. 누군 줄 알아? 바로 죄수야. 그들에게 머리 모양을 같게 하고 같은 옷을 입히는 이유는 간단해. 쉽게 통제하기 위해서지. 그들은 사회에 해악을 끼치는 특별 관리 대상이니까. 그런데 너희들과 이야기하다 보면, 종종 집이나 학교를 '감옥', 부모님이나 선생님을 '간수'라고 표현하는 경우가 있더라고. 인정! 사실 우리 사회는 너희들을 죄수 취급 하는 경향이 있어. 죄수는 지은 죄가 있으니 통제를 당한다지만, 너희는 지은 죄도 없는데 말이지. '꿈나무' '우리의 미래'라고 하면서 대우는 죄수나 다를 바 없는 거야.

머리카락을 자르게 하고 똑같은 옷을 입히는 어른들의 마음은 사실 너희를 통제해야 하는 대상으로 여기는 데서 시작됐다고 보는 게 맞을 거야. 말은 다른 데 신경 쓰지 말고 공부나 열심히 하라고, 다 너희들을 위한 일이라고 하지만, 그렇게 해야 어딜 가도 눈에 딱 띄거든. 통제가 쉬워진다는 뜻이야. 물론 그 속에는 범죄자를 두려워하듯 너희를 두려워하는 마음도 있어. 그 이유가 뭔지 아니? 너희가 유아나 아동일 때까지 어른들은 너희를 잘 안다고 생각해. 그때는 너희를 어떻게 키워야 하나 고민하면서 책도 보고, TV 프로그램도 보면서 육아법이나 부모의 역할을 공부했거든. 그런데 너희가 학교에 들어감과 동시에 어른들의 관심이 온통 '공부'와 '대학'에 쏠리게 되면서 그럴 틈이 없어진 거야. 사실 부모 노릇에 대한 공부가 진짜 필요한 사람들은 바로 '사춘기'에 들어선 너희를 키우는 부모님들인데 말이야. 너도 스스로가 작년, 재작년에 비해 생각하는 게 많이 달라졌다고 느끼지 않니? 1~2년 사이에 너희는 정말 많은 변화를 경험하지. 생각이 많이 달라질 뿐 아니라 몸도 많이 달라져. 너희를 대하는 방식도 그런 변화에 따라 많이 달라져야 해. 그런데 부모님들은 너희들 교육 문제에 정신이 팔려 정작 가장 중요한 변화에는 신경을 쓰지 못하는 거야. 게다가 그사이에 너희가 해야 할 일(거의 공부와 관련된 것들)이 엄청나게 많아지거든. 부모님은 너희가 해야 할 일을 제때 잘 시키는 게 자기 본분인 줄 알지. 그래서 양육 방식이 대부분 '간섭'과 '지시', '통제'인 거야. 이건 학교에서도 마찬가지고.

사춘기에 들어서면 누구나 반항이 심해져. 마음 저 깊숙한 곳에서 뜨거운 불덩이가 자꾸 솟구쳐 오르거든. 네 안의 누군가가 자꾸 "싸워라, 싸워라!" 하고 외치는 것 같지 않니? 하지만 그건 인간의 발달 과정에서 굉장히 자연스러운 현상이고 꼭 필요한 일이야. 그런데 어른들 눈에는 너희가 두렵기만 해. 작년까지만 해도 고분고분 말을 잘 듣는 것 같았는데 지금은 툭하면 오만 신경질을 다 내며 "내가 왜!" 하면서 목에 핏대를 세우니까. 가방을 집어 던지기도 하고 주먹으로 책상을 탕! 탕! 내리치는 걸 보면 정말 겁이 나기도 할 거야. 마음을 가다듬고 침착하게 왜 그러는지 이유를 물어봐도 말을 안 해주니 더 답답할 노릇이지. 너희야 말해 봤자 소용없다고, 더 시끄럽고 귀찮아질 뿐이라고 생각해서 입을 다무는 거겠지만 어른들은 영문을 모르잖아. 얼마 전까지 말 잘 듣던 착한(?) 아이가 갑자기 나쁜(?) 아이가 된 것 같으니까 더 나빠지기 전에 다잡아야겠다는 심정이 되는 거야. 죄수를 통제하듯 너희들을 감시하고 통제하게 되는 거지. 그러다 보니 너희 마음에는 억울한 일이 넘쳐흐르게 되는 거고.

 사람은 분하고 억울하면 반항을 하고 소리를 지르게 돼. 체제나 권위자가 하는 말을 받아들이고 싶지 않아지지. 자꾸 튕겨 나가고 싶어지고. 옳은 소리인지 뻔히 알면서도 그대로는 하기가 싫어. 옳고 그름을 떠나 무조건 이기고 싶다는 생각도 들지. 또 어떤 경우에는 우울증이라는 헤어나오기 힘든 깊은 바다로 가라앉아 버리기도 해. 이런 억울한 일을 당하는 나라는 인간 자체가 싫어지는 거지. '나라는 사람은 대체 뭐야? 얼마나 보잘것없으면 이런 취급을 당하는 거지?' 하는 생각이 드는 거야.

억울할 때는 참지 말고
네 생각을 밝혀!

덜 억울하려면 말을 해야 해. 아무리 말해 봤자 소용없다 해도 말이라도 하는 게 말도 못하고 당하는 것보다는 훨씬 덜 억울해. 그래야 앞으로도 억울할 일이 줄어들 수 있어.

내내 공부하다가 잠깐 나와서 TV를 보고 있는데 외출했다 돌아온 엄마가 가자미 눈을 하고 "너 숙제는 다 했어?" 하고 쏘아붙였어. "다 했거든요." 하고 말해도 "진짜야?"라며 캐묻지. 숙제가 아닌 경우에도 그래. 공부 열심히 하다가 잠깐 친구랑 문자 하고 있는데, "너 또 공부 안 하고 스마트폰이야?" 하면서 잔소리를 시작해. 이럴 땐 정말 짜증 나지? 그래도 열 내기 싫어서 꾹 참고 "아까 진짜 열심히 했거든요." 했는데, "네가 뭘 열심히 해? 안 봐도 뻔하지. '열심히'가 다 얼어 죽었냐?"라고 속을 긁어놔. 그럼 더 이상 참지 못하고 "엄마는 왜 날 안 믿어줘?"라며 버럭 소리를 지르게 될 테고. 아마 엄마는 그 말에 "공부도 안 하는 게 어디서 큰소리야?"라고 맞받아칠 거야.

이럴 때는 집에 CCTV라도 달려 있었으면 좋겠지? 엄마가 알지도 못하면서 의심할 때, "열 내지 마세요. 잠시만요. 자, 진실의 화면 좀 보고 가실게요."라고 할 수 있다면 정말 속 시원할 거야. 하지만 안 그래도 감시와 통제 속에서 사는데 CCTV까지 설치하면 속 시원할 일보다 갑갑할 일이 더 많아질걸? 이럴 때 조금이라도 손해를 덜 보는 방법은, 믿어주든 믿어주지 않든 그냥 사실을 얘기하는 거야. "오늘 공부 열심히 해서 잠깐 쉬는 거예요."라고. 한 번 사실을 말했다고 엄마가 "그랬구나, 우리 아들. 오늘은 공부 열심히 했구나. 미안해." 하지는 않을 거야. 부모님은 해왔던 대로 하겠지. 그래도 그렇게 사실을 얘기하고 끝내. 그리고 엄마의 잔소리는 더 이상 신경 쓰지 마.

다른 억울한 상황들도 마찬가지야. 사실은 사실대로 얘기하면 돼. 믿고 안 믿고는 상대방의 몫이야. 너는 사실을 얘기한 것으로 충분히 된 거야. 이때 절대 화를 내서는 안 돼. 화를 내면 네 억울함이 상대방에게 전달이 안 되거든. 오히려 다른 죄명까지 붙어서 더 많이 혼이 나게 되어 있어.

  사실을 말한다고 해서 상대가 단번에 나를 이해해 주고 서로 오해가 풀려 사과를 해올 거란 기대는 하지 마. 그건 한참 뒤에 모든 것들이 누적된 결과로 가능해지는 거야. 네 말이 사실이라면, 상대가 믿어주지 않는다고 해서 너라는 인간의 기본적인 가치가 훼손되는 건 아니야. 그러니까 일단 이것으로 만족해.

  어떤 아이가 학원 수업을 끝내고 친구를 만나기로 했는데, 엄마가 늦어도 9시까지는 들어오라고 했어. 학원 수업은 8시에 끝나. 집에 오는 데는 삼십 분이 걸리고. 하지만 9시까지 못 들어온다고 하면 엄마가 난리를 칠까 봐 대충 알았다고 했어. 아이는 당연히 9시에 못 들어왔지. 휴대폰은 불이 났어. 엄마는 삼십 분 간격으로 전화를 해댔지. 아이는 처음 몇 번은 "지금 가요. 나가는 중이에요." 하다가 결국에는 휴대폰을 꺼버렸어. 처음에는 미안한 마음이 들었는데, 휴대폰이 너무 울려 대니까 어느 순간부터 엄마가 스토커같이 느껴졌거든. 한편으로는 에라 모르겠다. 어차피 혼날 건데 지금부터 혼날 필요가 있나 싶기도 했어. 결국 집에 들어와 보니 11시 30분. 스스로 생각해도 좀 많이 늦었다 싶었어. 그런데 현관에 들어서자마자 "얘가 미쳤어! 미쳤어! 지금이 몇 시야? 니가 생각이 있는 애야, 없는 애야? 도대체 지금까지 뭘 하고 돌아다닌 거야? 요즘 세상이 어떤 세상인데? 집에서 걱정하는 사람들 생각은 안 해? 9시까지 온다며? 지금이 9시냐? 휴대폰은 또 왜 꺼놔? 내가 아주 그놈의 휴대폰을 밟아버리든가 해야지. 이러니 내가 널 어떻게 믿어?" 속사포 같은 엄마의 잔소리. 아이는 미안한 마음이 싹 가시면서 짜증이 머리 꼭대기까지 솟구쳤어. "알았다고. 믿지 마! 믿지 말라고!" 아이는 씩씩거리며 방으로 들어가 문을 쾅 닫아버렸지. '나쁜 짓 하고 돌아다닌 것도 아닌데 말을 꼭 저딴 식으로 해야 돼? 해도 해도 너무하잖아.' 하는 생각이 들 거야.

엄마 말을 들으려면 친구와 만나자마자 헤어져야 하니 억울하기도 하겠지. 친구를 만나지 말라는 말이랑 똑같으니까. 이럴 땐 처음부터 솔직하게 얘기하는 것이 가장 좋아. "엄마, 학원이 8시에 끝나는데, 친구를 만나면 8시 15분은 될 거고, 집에 오려면 삼십 분이 걸려요. 9시까지는 도저히 못 들어와요."라고 말이야. 엄마가 "네 나이에 9시 넘어 돌아다닌다는 게 말이 돼?" 할지도 몰라. 그래도 화내지 말고 "전 친구랑 있는 게 중요해요. 친구랑 얘기를 좀 하고 싶어요. 위험할까 봐 걱정하시는 거면,

학원 앞 패스트푸드점이나 편의점에 있을게요. 9시 30분쯤 데리러 와주세요."라고 해. 물론 네 말대로 순순히 해주지 않을 수도 있어. 그래도 어떻게든 네가 지킬 수 있는 현실적인 약속을 해야 돼. 그래야 너에 대한 신뢰가 쌓여서 무리한 요구를 하지 않게 되거든. 엄마, 아빠가 어떤 규칙을 제시했는데 네가 도저히 지킬 수 없을 때는 "좀 조정했으면 좋겠어요. 이대로는 지키기가 어려워요."라고 얘기해. 부모님이 난리를 친다고 대충 "네, 네." 하거나 아무 소리도 하지 않으면 분명히 나중에 더 괴로운 일이 생기니까.

절대 선은 넘지 마! 자칫 잘못하면 네가 다 뒤집어쓰게 돼

나이가 스물한 살인 청년이 날 찾아온 적이 있었어. 어릴 때는 머리도 좋고 공부도 꽤 잘했대. 중학교 때까지 지방에 살았는데 좋은 대학교에 가기 위해 온 가족이 서울 강남으로 이사를 했다고 했어. 그런데 이야기를 들어보니 고등학교에서 아주 '나쁜 놈'을 만났더라고. '그놈'은 전교 1등이었는데 아주 지능적으로 사람을 괴롭혔대. 원장님이 보기에도 '그놈'의 행동은 악랄하기 짝이 없었지. 이 청년은 선생님에게 '그놈'의 악행을 알리고 싶어 했지만 아무리 말해도 소용이 없었대. 그러다 결국 억울함을 참지 못하고 선생님 앞에서 소리를 지르며 욕을 한 거야. 거기다 이 상황을 깐족거리며 지켜보는 '그놈'이 너무 미워서 책상

위에 있던 문제집을 획 던졌대. 그런데 하필 재수 없게 문제집 모서리에 '그놈'이 눈을 다친 거야. 그다음에는 어떻게 되었느냐고? 고등학생이었던 이 청년은 학교에서 퇴학을 당하고 말았어. 주위에 있던 선생님과 친구들 중 누구도 청년의 편이 되어주지 않았지. 결국 '그놈'은 S대 의대에 갔지만, 청년은 대학교에 들어가지 못했어. 지금 그 청년의 인생 최대 목표는 세무 공무원이 되는 거야. '그놈'이 병원을 차리면 세무 조사를 해서 그 병원을 망하게 할 거래.

복수와 응징, 멋지지. 그런데 멋진 복수란 두 시간 남짓 보는 영화 속에서나 벌어지는 일이야. 영화 속 주인공은 그 시간 동안만 영화 속에서 살면 되니까. 하지만 현실 속 주인공은 오랜 시간 '나'를 철저히 잃어버리고 '그놈'만 생각하며 살다 보면 그 이후의 삶은 행복하기 힘들어. 복수를 위해 사는 삶 속에는 '나'를 위해 노력하는 삶이 없기 때문이지. 그 청년을 그렇게 만든 '그놈'이 나쁜 놈이라고? 친구들도, 선생님들도 나쁘다고? 냉정하게 느껴지겠지만 세상은 말이야, 사회적 범주와 상식적인 선을 중요하게 생각해. 몇 분 전까지 누가 봐도 네가 억울한 상황이었다 해도, 너의 반응이 과하거나 사회적 범주를 넘어가면 네가 다 뒤집어쓰게 되어 있어.

A라는 사람과 B라는 사람이 있었어. 두 사람은 평소에 사이가 무척 안 좋았지. A가 B에게 아주 못되게 굴었거든. 그러던 어느 날 A가 운전을 하다가 빨간불에 차를 세웠는데, 누가 뒤에서 들이받은 거야. 돌아보니 B야. B가 평소에 A에게 감정이 좋지 않았던 건 사실이지만 이 사고는 순전히 실수였어. 일부러 그런 건 절대 아니었지. 그럼 누가 잘못한 걸까? 혹시 A라고 답한 사람 있니? 아니, 실수이긴 해도 이건 엄연히 B의 잘못이야. 평소 A가 못되게 군 것과는 별개로 이 사건에서는 B가 잘못한 거지. 여하튼 차를 들이받았잖아. 그런데 설상가상으로 A가 차에서 내리자마자 "야, 이 새끼야, 눈깔 좀 뜨고 다녀!" 하면서 쌍욕을 하기 시작했어. 안 그래도 나쁜 감정이 쌓여 있던 차에 B는 화가 폭발해 버렸지. B는 트렁크를 열고 야구방망이를 꺼내서 A에게 휘두르기 시작했어.

원장님이 상담할 때 아이들에게 많이 해주는 이야기야. 이야기가 끝나면 꼭 묻지. A와 B 중 누가 나쁠까? 생각보다 많은 친구들이 A라고 대답해. A가 평소에 잘못을 많이 했고 욕까지 했으니까. 물론 그렇게 생각할 수도 있지. 하지만 접촉 사고는 사회적 기준으로 봤을 때, 늘상 일어날 수 있는 일이야. B의 처음 죄명은 접촉 사고. 그것에 대한 책임만 지면 됐지. 물론 욕하는 건 나빠. 하지만 아무리 상대가 나에게 욕을 하고 무례한 행동을 했다 해도 야구방망이를 휘두른 건 엄연한 폭행이야. 굉장히 큰 범죄지. 억울하다고 해서 어떤 행동이든 해도 되는 게 아니라는 뜻이야. 자기 나이에 맞는, 그 사회에서 납득할 수 있는 방법을 써야 해. 사회가 받아들여 줄 수 있는 방법으로 처리하지 않으면, 설령 상대가 먼저 도발했고 네가 잘못한 것이 아니더라도 마지막 책임은 사회적 범주와 상식적인 선을 넘은 사람이 지게 되어 있어. 그래서 억울할 때일수록 말과 행동을 특히 조심해야 하는 거야. 자칫 잘못하면 네가 피해자가 아니라 가해자로 둔갑할 수 있거든.

욕을 조심해!
치명적인 반전이 일어날 수 있어

 네가 한 말이 아무리 옳아도 말짱 헛일이 되는 경우가 있어. 방금 전까지 "그래, 너도 억울했겠다." 하고 편들어 주던 부모님이나 선생님도 순식간에 등을 돌려버리지. 그건 바로 네가 '욕을 했을 때'야. 주위에 욕하는 친구들이 많은 거 알아. 욕은 너희가 당연하게 생각하는 일상 언어지. 하지만 어른들은 너희가 하는 욕에 정말 민감해.

 원장님은 너희에게 어른들을 존경해야 한다고 말하진 않아. 존경하는 마음이 누가 명령한다고 해서 생겨나는 건 아니니까. 하지만 아무리 그래도 욕을 하거나 밀치는 행동은 안 돼. '화가 나면 그럴 수도 있지.' 하고 대수롭지 않게 여기는 말과 행동으로 인해 돌이킬 수 없는 결과가 생기기도 하거든. 특히 그게 부모님을 대상으로 했을 경우에는 더 그래. 욕을 하거나 밀치고 뿌리치는 너희들의 행동에 부모는 삶이 무너져 내리는 것 같은 심정이 되거든. 너희가 전교 꼴찌를 한 것보다 가슴이 더 찢어져. "뭐 그런 것 가지고 그렇게까지 생각해요?"라고 되묻겠지만 어른들은 그래. 그 순간 부모의 심정은, 부모가 네 앞에서 "너를 괜히 낳았어. 정말 후회돼. 네가 없었으면 좋겠다."라고 말할 때 네가 받게 되는 느낌과 비슷하지.

부모님만큼은 아니지만 선생님이나 다른 어른들도 너희들이 내뱉는 욕이나 거친 행동에 예민해질 수 있어. 대놓고 욕을 하는 건 아니어도 너도 모르게 툭 튀어나온 "아이, 씨!" 한마디에 갑자기 화가 폭발하기도 하니까. 그 점에 있어서 어른들은 거의 비슷해. 그런 말과 행동을 하게 된 너희들의 진짜 속마음은 보려고 하지 않아. 어떤 상황에서 그런 말과 행동이 나왔는지도 기억 못해. 오로지 네가 한 욕과 행동만 가지고 난리를 치게 되지. 결국 상황은 반전되고 네가 억울할 일만 생기는 거야. 그러니까 그런 상황은 처음부터 만들지 않는 게 좋겠지?

그 인간이 내 인생에 그렇게 중요한 사람인가 따져봐

한 아이가 씩씩거리면서 나를 찾아왔어. 아이는 들어오자마자 "학교에 불 질러버릴 거예요. 언젠가는 그 인간을 죽여 버리고 말 거라고요!"라고 소리쳤지. 사정을 들어보니, 선생님이 자기에게 몹시 부당한 행동을 했다는 거야. 그런데 이 아이가 욱해서 선생님한테 대들었다가 징계를 받게 된 거지. 친구들은 하나같이 "너 진짜 억울하겠다." "너희 선생님, 왜 그러니?" 했대. 그런데 아이 엄마는 옆에서 "선생님도 얼마나 힘드시겠니? 너희들이 죽어라 말을 안 듣는데."라고만 하셨다는 거야.

누가 봐도 부당한 상황이니 아이의 엄마는 선생님의 처사가 잘못됐다는 것을 인지하고, 아이의 억울함을 최대한 풀어주려

했어야 했어. 선생님이라고 해서 무슨 행동을 하든 다 용납되는 건 아니니까. 나이가 많다고 자기보다 어린 사람을 강압적으로 대하거나 굴복시켜도 된다는 법은 없어. 이건 인간 존중의 기본 개념이니까.

그런데 누군가에게 억울한 마음이 들 때, 너희들이 가장 먼저 짚고 넘어가야 하는 것이 있어. 그건 바로 그 인간이 네 인생에 얼마나 중요한 사람인가 하는 점이야. 나와 평생을 같이 갈 사람인가, 오해가 있으면 반드시 풀어야 할 만큼 중요한 사람인가, 따져봐야 해.

원장님은 원장님을 스치고 간 수많은 선생님들의 이름을 다 기억하지 못해. 지나고 보니 기억 안 나는 이름이 더 많더라고. 너희 반에서 너랑 말다툼 했던 친구를 학년이 바뀐 다음에, 학교를 졸업한 이후에, 죽을 때까지 평생 만날 것 같니? 사실 안 만나는 사람들이 더 많아. 누가 너를 억울하게 할 때, 꼭 생각해 봤으면 해. 그 사람이 네 인생에 얼마나 중요한 사람인지를 말이야. 만약 그 사람이 너에게 중요한 사람이라면, 네가 억울함에 괴로워할 만해. 하지만 그렇지 않다면 감정을 부여하는 것에도 차등을 두어야 해. 지금 네가 느끼고 있는 그 감정도 그 인간에게는 아까울지 모르거든.

친구 관계에서도 억울한 일은 수없이 많이 생겨. 특히 놀리는 말이나 심한 장난에 상처를 많이 받지. 그럴 때도 마찬가지야. 그 아이가 너에게 어떤 존재인지 생각해 봐. 걔가 하는 말과 행동에 내가 왜 이렇게 열 받아 하지? 걔가 그렇게 대단한 아이인가? 아니야, 형편없는 놈인데. 걔가 하는 행동이 옳은가? 아니야, 옳지도 않지. 싫다고 하는데 계속 그렇게 행동하면 안 되는 거지. 생각이 여기에까지 다다르면 '에이, 똥파리네.' 하고 생각해 버려. 대놓고 "야, 너! 나한테 왜 자꾸 그래?"라고는 못해도, 그 아이를 정확하게 파악해서 내 인생에서 차지하는 그 아이의 비중을 정해 버리고 나면 영향을 덜 받을 수 있어. 그 친구가 오면 마음속으로 '똥파리 앵~.' 하고 외치는 거지. 그러면 열이 좀 덜 날 거야. 선생님이나 다른 어른들에게도 마찬가지야. 네가 보기에 선생님답지 않거나 어른답지 못하면 마음속으로 '똥파리!'를 외쳐. 그러다 보면 세상에는 생각보다 똥파리가 많다는 걸 알게 될 거야.

한 놈만 잡아.
나머지는 눈감아 주는 거야

얼마 전 아는 사람의 아들이 황당한 일을 당했다는 소식을 들었어. 이제 막 중학교에 들어간 아이였는데, 급식 당번을 맡은 날 에그타르트가 나왔대. 그날은 운 좋게 양이 넉넉하게 나와서 한 사람이 한 개 이상 먹을 수 있었나 봐. 그런데 한 친구가 에그타르트를 집어 들면서 이제 몇 개 남았나 확인하려고 그릇을 봤는데, 글쎄 그게 몽땅 사라졌더란 말이지. 친구는 급식 당번에게 "네가 다 먹었지!" 하고 불같이 화를 내면서 손에 들고 있던 에그타르트를 던졌어. 그런데 그 순간 다른 아이들도 덩달아 먹고 있던 에그타르트를 모조리 급식 당번에게 던져버린 거야. 에그타르트 폭탄 세례를 받은 그 아이는 울면서 교실 밖으로 뛰쳐나갔어.

 그런데 알고 보니 담임 선생님이 남은 에그타르트를 수거해 갔던 거였어. 그 아이에겐 아무 죄가 없었던 거지. 얼마나 억울했을까? 가장 먼저 에그타르트를 던진 아이는 물론이고, 반 아이들 모두에게 상처받았을 거야. 지인은 나에게 이 사건을 어떻게 처리하면 좋겠느냐고 물었어. 나는 주동을 한 아이 말고는 문제 삼지 말라고 했지. 이야기를 들어보니, 주동한 아이는 예전부터 급식 당번인 아이를 괴롭힌 이력이 있더라고.

 요즘 너희들 사이에 '집단 괴롭힘' '왕따' 등이 문제가 되고 있다는 거, 알고 있지? 원장님도 상담실에서 피해자나 가해자인 아이들을 많이 만나. 그럴 때 피해자의 부모에게 내가 항상 하는 말은, 무언의 동조자였던 아이들까지 모두 적으로 돌리지 말라는 거야. 난 딱 한 놈만 확실히 잡으라고 조언하지. 그래야 피해자가 된 아이가 그 사건 이후에도 학교 생활을 계속할 수 있으니까. 사실 상황을 오해하고 무조건 동조한 아이들은 피해자에게 조금은 미안한 마음이 있어. 찔리는 거지. 그럴 때 피해자가 자기에 대해서 별 이야기를 하지 않으면 은근히 고마워해.
 하지만 막상 네가 피해자가 되면 나머지 아이들을 용서하기가 쉽지 않을 거야. 억울한 일을 당하면, 나를 도와주지 않은 주변 사람들 모두가 미워지기도 하거든. 거기 동조한 사람들을 모조리 저주하고 싶어지지. 그런데 상황을 정확히 모르는 제3자에게는 인간이기 때문에 갖는 미숙함이 있을 수 있어. 이 미숙함을 인정해 주자는 거야. 사람은 완벽하지 않아. 순간적으로 판단을 잘못해서 실수할 수도 있고, 원초적인 두려움 때문에 그 상황을 외면할 수도 있어. 나약하고 실수도 할 수 있는 것이 인간이야. 때문에 모범 답안을 알고 있어도 매번 그렇게 행동하지 못하는 경우가 생기는 거지. 그건 어른도 마찬가지야. "세상에 사람 같은 사람이 하나도 없어!" "이런 천하의 나쁜 놈들!"이라고 싸잡아서 세상 모든 사람을 탓할 수는 없지 않겠니?

길을 걷다가 어떤 남자한테 맞고 있는 여자를 봤어. 어떤 사연일까? 지나가는 사람들은 그 장면을 보고 여러 가지 가정을 할 거야. 그리고 각각 반응을 하겠지. 어떤 사람은 "어머, 바보처럼 왜 맞고 있어." 하고 핀잔하듯 말할 수 있을 거야. 또 어떤 사람은 "저 남자 뭐야?" 하면서도 겁이 나는 탓에 그냥 지나칠 수도 있겠지. 급한 일이 있다는 걸 핑계 삼아 못 본 척하는 사람도 있을 수 있고, 경찰서에 신고해 주는 사람도 있을 거야. "왜 여자를 때려요?" 하면서 따지는 사람도 있을 수 있겠지.

그런데 이 여자가 아무도 자기를 구해 주지 않았다며 이 세상 사람 모두에게 한을 품고 시내 한복판에서 폭탄을 터뜨린다면 어떻겠어? 누구라도 경찰을 불러줘야 옳겠지만, 그렇게 하지 않았다고 그들에게 죄를 물을 수는 없어. 그들은 죄 없는, 그저 지나가는 행인일 뿐이거든. 옳은 행동을 해주었더라면 좋았겠지만 그렇게 안 했다고 욕을 할 수도 없는 거지. 그것이 인간이 가진 미숙함 그리고 나약함이거든.

예쁘다고 잘해 주고,
공부 잘한다고 봐주고……

 넌 네가 못생겼다고 생각하니? 그것 때문에 살면서 불이익을 받을 거라고 생각해? 외모 때문에 불이익을 받는다는 것은 참 억울한 일이야. 무엇보다 그건 네 탓이 아니거든. 게다가 아무리 노력해도 나아지는 데 한계(?)가 있으니까.

 그런데 원장님이 보기엔 요즘은 못생긴 애가 없더라. 못생겼다고 고민하는 애들도 내가 볼 때는 괜찮게 생겼어. 얼굴은 좌우대칭만 맞으면 되는 거거든. 얼굴 안에 눈, 코, 입이 대칭으로 잘 들어가 있기만 하면 괜찮은 얼굴인 거야. 아름다움의 기준은 시대마다, 나이마다 다르니까. 너희들 내가 어떻게 생겼는지 알지? 모르면 한번 검색해 봐. 나는 르네상스 시대에 태어났으면 최고 미인 대접을 받았을 거야. 풍만한 가슴과 배, 그때는 그게 중요했거든. 지금은 너도나도 깡마른 여자를 좋아하지만 그때는 그랬지.

사람이 지니고 있는 가치는 여러 가지야. 그리고 모든 것은 변해. 얼굴도 변하고 몸매도 변하고 내면도 변하지. 나이를 먹을수록 몸매나 얼굴은 내가 원치 않는 방향으로 바뀌어가기 쉬워. 아무리 노력해도 한계가 있다는 얘기야. 하지만 내면은 노력하면 훨씬 좋아지지. 나이가 들면 고상하고 우아한 것이 가장 아름다워 보이거든. 고상함과 우아함은 좋은 옷이 아니라 내면에서 풍겨 나오는 거고. 그러니까 너무 예쁘냐 예쁘지 않냐 위주로 볼 필요 없어. 뻔한 소리처럼 들리겠지만 결국 가장 중요한 건 내면의 아름다움이거든.

하지만 그럼에도 불구하고 남자든 여자든 외모가 잘생기면 점수를 후하게 주는 것이 현실이기는 해. 그건 인정! 그런데 예쁘고 잘생긴 걸로 얻는 점수는 그리 많지 않아. 그렇게 오래가지도 않고. 외모가 인생에 결정적으로 작용할 때는 그 사람이 누가 봐도 너무나 못생긴 경우, 그러니까 그 모습이 너무나 혐오

스러운 경우뿐이야. 만약 그렇다면 성형수술을 권하고 싶어. 하지만 그런 경우가 아니라면 좀 더 예쁘게 생기거나 잘생겼다는 이유로 얻는 점수는 그리 크지 않아. 게다가 다른 사람이 나에게 매기는 점수는 외모가 아닌 다른 것으로 얼마든지 바꿀 수 있어. 원장님이 병원 직원을 뽑아보면, 예쁜 사람을 뽑았을 때는 일주일이 기분 좋지만 일 잘하는 사람을 뽑으면 일 년, 아니 그 이상이 즐겁더라.

'공부'에 대해서도 얘기해 볼까? 똑같은 행동도 공부 잘하는 아이가 하면 "다음부터는 그러지 마라." 하고 부드럽게 타이르면서, 공부 못하는 아이가 하면 눈을 부라리며 "너 학교 안 다니고 싶냐!"라고 해. 열 받지? 공부 잘하는 게 인생의 전부인가 싶을 거야. 물론 그건 사실이 아니지. 하지만 그럼에도 불구하고 공부를 잘한다는 것 안에 담긴 의미들 중 너희가 놓쳐선 안 되는 한 가지가 있어. 그건 바로 성실함이야.

공부를 잘하려면 기본적으로 성실해야 해. 커닝을 하지 않는 이상 성실하게 열심히 공부해야 성적이 잘 나오거든. 그리고 공부를 잘하는 아이들은 대체로 성실할 가능성이 커. 성실한 아이들은 대체로 학교 생활도 잘하지. 선생님 눈에 거슬릴 일을 별로 하지 않을 거야. 그러니까 평소에 성실하게 지내던 아이가 어쩌다 한 번 준비물을 안 챙겨 오면 대개 봐주지만 늘 안 챙겨 오던 아이가 또 그러면 "너처럼 정신 빠뜨리고 사는 애는 처음 봤다." 하며 질책하게 되는 거지. 그리고 이건 인간 세상의 기본 생리야.

 물론 공부를 잘한다고 성격까지 좋은 건 아니야. 성적은 좋은데 인성이 좋지 않은 아이도 많아. 하지만 성적을 잘 받기 위해서 그 아이가 노력하고 애쓴 부분만큼은 인정해 줘야 해. 너에게도 분명 다른 장점이 있을 거야. 하지만 공부를 안 해서 성적이 나쁘다면, 그 부분에서만큼은 성실성이 떨어지는 거야. 그건 너도 인정해야 해. 너희 말대로 공부가 절대 인생의 전부는 아니야. 그건 살면 살수록 느끼게 되지. 하지만 '성실성'은 달라. 성실성은 인생의 많은 부분을 좌우하거든.

억울해서 미칠 것 같을 때
네가 꼭 해야 하는 일

너희 때는 억울할 일이 참 많아. 하지만 비슷한 억울함이 자꾸 반복돼서 미칠 것 같을 때는 한발 물러서서 객관적으로 사건을 바라볼 필요가 있어. 99퍼센트의 원인이 다른 사람에게 있다 해도, 1퍼센트의 원인이 된 나에게는 고칠 점이 없는지, 바꿀 것이 없는지 생각해 보라는 거야. 원장님이 이렇게 말하니까 더 억울하다고? 잘 생각해 보렴. 같은 억울함이 반복된다는 것은, 경험으로부터 배운 것이 없다는 증거이기도 해. 한 번 당한 것을 또 당하지 않으려면, 경험을 통해 학습할 수 있어야 하거든.

한 사례를 들어보자. 내가 뭘 하기만 하면 방해를 하는 여동생이 있어. 부모님은 동생이 어리다고 항상 동생 편만 들지. 동생은 여우 같아서 자기가 먼저 도발해 놓고 엄마, 아빠 앞에서는 만날 나한테 당한 척을 해. 그래서 웬만하면 큰소리 안 내고 넘어가려고 하지. 어차피 나만 혼날 테니까. 그렇게 참고 참다가 딱 한 번 "저리 안 가?" 하고 동생을 밀쳤는데 그만 동생이 넘어지고 만 거야. 아니나 다를까, 오빠가 때렸다며 울고불고 난리가 났어. 만약 너에게도 이런 동생이 있다면 정말 골치가 아프겠지?

문제의 원인이 다른 사람에게 있다 해도 그건 내가 바꿀 수 없는 경우가 많아. 그럼 어떻게 해야 할까? 내가 바꿀 수 있는 걸 바꿔야지. 바로 '나' 말이야. 위의 경우엔 절대 동생이 원하는 방식으로 반응을 하면 안 돼. 많이 당해 봤으니 이미 동생이 어떻게 나올지 알고 있잖아. 그러니까 계속 같은 방식으로 맞대응하지 말고 '아, 이렇게 하니까 상황이 더 나빠지네. 내가 항상 더 크게 당하는구나.' 하고 다른 방법을 써야지. 이건 동생이 좋은 애든, 나쁜 애든, 까다로운 애든 상관없이 인생을 살아가는 데 굉장히 중요한 진리야.

애들이 만날 나만 놀려. 억울하지? 사람들 앞에서 나를 부당하게 대하는 것도 억울하고, 하지 말라고 하는데 계속 하는 것도 억울하지. 엄청 화가 날 거야. 그럴 때 만약 그 애가 다른 아이들도 인정하는 이상한 아이라면, 너뿐 아니라 다른 아이들도 걔를 싫어한다면, 신경 쓰지 마. 앞에서 얘기해 줬지? '똥파리!' 하고 말아버려. 그런데 말이야, 걔가 너만 괴롭히고 너만 걔를 싫어한다면 생각해 봐야 해. 일주일 정도 아주 객관적으로 걔를 관찰해 봐. 걔가 너한테 하는 행동을 다른 애들한테도 하는지 말이야. 다른 아이들한테도 똑같이 한다면, 그럼에도 불구하고 아이들이 왜 걔를 좋아하는지 이유를 생각해 봐. 몇몇 아이들에게만 너한테 하듯 한다면, 걔가 유독 장난을 거는 아이들에게는 공통점이 있을 거야. 그걸 알아내야 해. 걔가 신경질 내면서 과민 반응 하는 아이들만 건드린다면 너의 과민 반응을 좀 줄여 볼 필요가 있어. 물론 걔도 바뀌어야겠지. 의도야 어쨌든 상대가 싫어하는 행동을 계속하는 건 문제가 있으니까. 아무리 장난이라도 상대가 싫다는 표현을 하면 "미안, 미안." 하고 그만하는 것이 맞아. 하지만 그건 그 아이의 몫이고, 일단 네가 할 수 있는 일, 너의 몫은 과민 반응을 줄이는 거야. 걔가 장난을 걸어오면 "야~~." 이 정도나 "야, 하지 마~." 정도로 부드럽게 말하고 끝내. 그럼 걔가 이전과는 다른 너의 반응에 '흠칫' 하며 조금은 다르게 행동할 거야.

너희가 이해를 잘 했으면 하는 마음에 조금 더 센 예를 들어볼게. 어떤 여자가 강간을 당했어. 당연히 그 강간범을 용서하기 힘들 거야. 세상이 얼마나 원망스럽겠니. 마음이 얼마나 힘들까. 절망스럽고 우울하고 항상 불안할 거야. 그렇다면 이 여자의 마음은 누가 회복시켜 줘야 할까? 강간범이 해야 할 일일까? 그 사람이 와서 사과를 하고 합당한 벌을 받는다고 해서 여자의 억울함과 마음의 상처가 과연 해소될까? 아니, 냉정하게 들리겠지만 억울함과 분노에서 벗어나 몸과 마음을 치유하는 것, 그건 철저히 자기 자신의 몫이야. 나 스스로 떨치고 일어나야 해. 계속 만신창이인 마음으로 살아가야 한다고 생각하면 너무 가혹하잖니? 평생 얼마나 괴롭겠어.

마음에 억울함을 품기 시작하면 그 사람을 원망하느라 다른 인간관계까지 불편해져. 세상에는 정말 어처구니없는 인간이 많거든. 그런 사람에게 당했다면, 내가 왜 타깃이 되었는지부터 얼른 생각해 봐야 해. '너 때문'이라고 말하는 게 아니야. 네가 못나서도 아니야. 잘못한 것도 나쁜 것도 분명 그 아이야. 하지만 그 아이에게 네가 타깃이 된 이유에 대해서는 한 번쯤 생각해 볼 필요가 있어. 만약 그런 아이에게 대응할 수 있는 카드가 너에게 없다면, 나 같은 전문가를 만나서라도 빨리 배워야 해.

그렇지 않으면 억울한 패턴은 또다시 반복돼. 괜히 겁주는 게 아니야. 그런 종류의 사람은 세상에 꼭 있게 마련이거든.

Theme 2

어우~ 진짜!
맨날 이래라저래라
잔소리는 끊이질 않고
마음은 도무지 진정이 안 되고…

터져버릴 것 같지?

화가 펑!
원장님도 그랬어

원장님이 초등학교 6학년 때 일이야. 나는 학교 합창반이었지. 어느 날 다른 학교 합창반과 2박 3일 동안 가는 연합 캠프가 있었는데, 우리 학교 합창반에서 나만 못 갔어. 아버지가 강력하게 반대하셨거든. 나는 아버지가 가지 말라는 이유가 납득이 안 되었어. "물가라 위험해서 안 돼."라고 하셨지만 내가 유치원생도 아니고 6학년씩이나 된 데다 수영도 잘하는데, 친구끼리 가는 것도 아니고 선생님들이랑 함께 가는 건데 위험하다니 도저히 이해가 안 됐어. 그래서 따박따박 따졌지. 그래도 아버지는 인솔하는 선생님의 수가 아이들의 수에 비해 적다며 절대 안 된다 하셨어. 나는 더 이상 말로는 안 되겠다 싶어 '단식 투쟁'에

돌입했지. 그것도 무려 사흘씩이나. 안 보내주면 죽겠다는 자세로 이불을 뒤집어쓰고 눈이 퉁퉁 붓도록 울고불고 난리를 쳤어. 당연히 밥도 안 먹었지. 하지만 아버지는 꿈쩍도 안 하셨어. 아무리 설명을 해도 무조건 안 된다고 하는 벽창호 같은 아버지가 참 답답했어. 다른 집 부모님들은 다 된다는데 말이지. 그때 난 생처음으로 '이 집을 나가고 싶다.'는 생각이 들었어.

이듬해 중학교 때는 또 이런 일도 있었어. 원장님은 어렸을 때, 예쁜 머리핀과 방울 달린 고무줄, 옷핀, 지우개 같은 걸 굉장히 좋아했어. 작은 사탕 깡통 안에 그것들을 모아놓고 책상 서랍 안에 보물처럼 소중히 간직했지. 그런데 어느 날 학교에서 돌아와 책상 서랍을 열었는데, 보물 상자가 보이질 않는 거야. 다급한 목소리로 엄마를 불렀지. 엄마는 너무나 태연하게 "오랜만에 영미네가 놀러 왔길래 영미한테 선물로 줬어. 너도 영미 좋아하잖아. 너는 단발머리라 이제 쓸 일도 없고."라고 하는 거야. 순간 정말 돌아버리는 줄 알았어. 영미라면 나도 잘 알지. 걔는 그때 초등학교 저학년이었고, 나도 그애를 친동생처럼 예뻐했어. 하지만 그래도 이건 아니잖아. 내 물건인데, 어떻게 나한테 한마디 상의도 없이 그냥 줘버릴 수가 있어? 그때 엄마가 "미안하다. 내가 너한테 물어봤어야 했는데……."라고 한마디만 하셨더라면, 아마 그렇게 난리를 치지는 않았을 거야.

　엄마는 내가 길길이 날뛰자 "다 큰 중학생이 그게 왜 필요해?"라며 오히려 호통을 치셨지. 나도 질세라 "그게 아니잖아! 왜 남의 서랍을 마음대로 열었느냐고!"라며 목에 핏대를 세워 소리를 질렀어. "엄마가 남이야? 딸 서랍 좀 열면 안 돼?" 엄마는 적반하장이었어. 내 화는 점점 커졌고, 나는 악을 쓰며 엄마에게 대들었지. 그러다 아버지가 오셨어. 나는 아버지가 혹시 내 편을 들어주시지 않을까 했는데 아니었어. "어디서 엄마한테 대들어?" 하시며 나를 막 야단치고 심지어 쥐어박기까지 하시는 거야. 나는 배신감에 치를 떨었지. 어른 둘이서 어린아이 하나를 공격하다니, 치사하다는 생각도 들었어. 나는 실성한 사람처럼 "내 거잖아! 내 돈으로 산 거잖아!" 하면서 울부짖었고, 얄미운 엄마는 "이 집에 네 것이 어디 있어? 다 엄마, 아빠가 돈 줘서 산 거지."라고 내 설움에 고춧가루를 팍팍 뿌려댔지.

　그때 두 번째로 집을 나가야겠다는 생각을 했어. 아무리 생각해도 내가 틀린 게 아니었거든. '어떻게 이렇게 불합리하고 불공평하게 나를 몰아붙일 수가 있어? 이따위 집 확 나가 버려?' 하면서 주섬주섬 짐을 챙겼어. 그런데 아까 엄마가 한 말이 머릿속을 떠나질 않는 거야. '네 것이 어디 있어? 다 엄마, 아빠가 돈

줘서 산 거지.' 진짜 그렇더라고. 짐을 챙기다 보니 죄다 부모님이 사주신 것들이었어. 더 비참해졌지. 챙기려던 짐을 바닥에 내팽개쳐 놓고 몸만 나가야겠다고 생각했어. 그런데 발걸음이 차마 안 떨어지더라고. 돈도 없고 갈 곳도 없고 이렇게 나갔다가는 나만 고생하겠구나 싶었어. 하지만 이대로 넘어가기에는 너무 분해서 잠시 궁리를 했지. 그러고는 현관에 놓여 있던 내 신발을 감춘 다음 내 방 장롱 안으로 숨었어. 몇 시간 후 엄마, 아빠가 놀라서 나를 찾는 소리가 들렸어. 장롱 속에서 나는 회심의 미소를 지었지. 그리고 빨리 내 능력을 키워야겠다고 생각했어.

확 때려치울까?
나가 버릴까? 그다음은?

솔직히 부모님들 이야기를 듣다 보면 너희를 대하는 방식이라든가 표현에 심각한 문제가 있는 경우가 많아. 어떨 때는 정말 부모님이 원수같이 느껴질 수도 있겠더라고. 실제로 상담을 하다 보면 이를 박박 갈며 부모님을 '그 인간'이라고 표현하는 친구들도 있으니까.

사실 사춘기는 독립된 인간으로서의 삶을 살아가기 위한 준비 과정이야. 이 시기에는 본능적으로 부모님에게서 멀어지려 하지. 멀어지기 위해 일부러 반감을 갖기도 하고. 그래서 나는 사춘기 아이를 둔 부모한테는 아이에게 좀 거리를 두라고 조언해. 거리를 두라는 건 원수처럼 등을 돌리라는 말이 아니야. 개입이

나 간섭을 자제하고 때로는 묵묵히 지켜봐 주고 때로는 아이가 혼자 겪어내도록 내버려 두라는 얘기지. 그런데 우리 부모들이 지켜봐 주고 기다려주는 것을 잘 못해. 간섭이나 통제를 하다 안 되면 급기야 "너 그따위로 할 거면 나가서 혼자 살아!"라는 말까지 해버리지. 안 그래도 터질 것 같은데 이런 소리까지 들으면 진짜 한번 저질러 버리고 싶어지지? 하지만 이럴 때는 철저하게 이기적인 마음을 가져야 해.

한 고등학교 1학년 남자아이가 나를 찾아왔어. 자기는 아빠 때문에 죽고 싶대. 아빠랑 있으면 미쳐버릴 것 같다는 거야. 너희가 이상하다고 말하는 아빠는 크게 두 부류야. 하나는 인격적으로 문제가 있고 성격이 정말 이상한 아빠, 다른 하나는 아이를 너무 사랑한 나머지 지나치게 볶아대는 아빠. 전자는 인격이나 성격에 문제가 있으니 다양한 방법으로 너희를 괴롭힐 거야. 이런 아빠는 피하는 수밖에 없어. 후자는 자식을 사랑하고 옳은 길로 인도한다며 귀찮게 잔소리를 하고 간섭을 해. 자기 마음대로 안 되면 아이에게 끊임없이 지적을 하고 비난도 하지. 너희들이 마음에 안 들어 하는 많은 아빠가 이런 유형일 듯싶은데, 전자든 후자든 너희가 할 일은 자연스럽게 멀어지는 거야. 아빠가 싫다고 피시방이나 노래방을 전전하지 마. 아빠가 아무리 싫어도 그 사람을 바꿔놓을 수 없다면 영향을 덜 받을 수 있는 방법을 궁리하는 편이 나아. 방법은 생각보다 간단해. 최대한 덜 마주치면 돼. 그래서 나는 그 아이에게 이렇게 조언했어.

"네 나이에 해야 하는 가장 기본적인 걸 하면서 스스로에게 집중해. 네가 학교에 다니고 공부를 하는 건 아빠한테 잘 보이기 위한 게 아니야. 네가 아빠에게서 독립하려면 능력을 키워야 해. 그 준비를 하는 거야. 2년만 있으면 대학교에 갈 수 있어. 그때 기숙사가 있는 지방 대학교로 가. 그러면 자연스럽게 아빠와 떨어지게 되겠지. 그리고 1학년 마치고 군대를 가. 그러면 2년은 나라에서 밥 먹여 줘. 군대를 갔다 오면 너도 성인이라 부모님도 함부로 못할 거야. 그리고 몇 년 후에 독립해. 아빠는 명절, 어버이날, 생신처럼 특별한 날을 정해서 일 년에 몇 번만 만나. 만나기 싫으면 안부 전화만 해도 돼."

혹시 『삼국지』 읽어봤니? 거기 보면 유비가 조조의 식객 노릇을 하면서 일부러 몸을 낮추고 어리석은 사람으로 가장해 조조의 경계심을 늦추는 장면이 나와. 사자성어로 '도광양회(韜光養晦)'라고 하지. 도광양회는 약자가 은둔 생활을 하면서 기회가 오길 인내하고 기다리며 힘과 실력을 쌓을 때 많이 인용되는 말이야. 네가 아빠에게 써야 할 전략이 바로 '도광양회'야. 아빠가 주는 혜택은 누리되 최대한 몸을 낮춰. 부딪치지 마.『손자병법』에서도 전쟁에서 이기는 방법 중 가장 최우선으로 뽑는 게 뭔 줄 아니? 바로 싸울 수 있을 때와 싸울 수 없을 때를 분간하는 거야. 너는 지금 아빠와 크게 붙기에는 힘이 너무 약해. 무조건 싸우기보다 힘을 키울 때까지 피하는 게 나아.

지금 아빠가 싫거나 부모님이 밉다면, 그건 그동안 네 마음이 상처를 입었기 때문일 거야. 크고 작은 많은 일들이 있었겠지. 사춘기라고 해서 하루아침에 미칠 것처럼 짜증이 나거나 화가 나지는 않으니까. 기본적으로 부모 자녀 관계가 좋으면, 아무리 의견 충돌이 있고 말다툼을 해도 서로 참고 봐줄 만한 정도로 사춘기의 파도가 지나가지. 그럴 수 없다는 것은, 뭔가 네 안에 치유되지 않은 울분과 상처가 있다는 거야. 아무리 부모님이라 해도 너를 아프게 한 사람을 용서하기는 쉽지 않을 거야. 용서가 안 되면 쉽게 용서하지 마. 용납이 안 되는데도 부모님이기 때문에 억지로 이해할 필요는 없다는 거야. 부모님이니까 무조건 좋아하라고 하지 않아. 그냥 철저하게 이기적인 마음을 가져봐. 받을 수 있는 도움을 최대한 받으면서 가능하면 마주치지 않는 방법을 택하라는 거지.

집을 당당하게 나가려면 때를 기다리고 힘을 키워야 해. 부모님이 밉고 집이 싫다고 일부러 공부도 안 하고, 학교도 빠지고, 계속 놀러만 다니면 어떻게 될 것 같아? 아마도 너는 이 치사하고 답답한 상황을 더 오래 견뎌야 할 거야. 직장이 없어 부모님한테 계속 경제적인 도움을 받게 될 테고, 그만큼 간섭과 통제도 더 받아야겠지. 지금 당장 부모님이 싫다고 여기저기 놀러만 다니면 부모님과 쭉 함께 살아야 할 수도 있다는 거야.

네 아이가 "학교는 왜 그만두셨어요?" 하고 묻는다면?

"에이~ 뭐 잘리면 검정고시 보면 되죠." 학교만 가면 터질 것 같다는 아이들은 곧잘 이런 말을 하지. 뭐, 그렇게 해도 괜찮아. 공부를 하는 방법에는 여러 가지가 있으니까. 하지만 그런 결정에는 반드시 "난 이래서 검정고시를 볼 거예요."가 있어야 해. 너 나름의 이유가 있어야 한다는 얘기야. 자기만의 이유 없이 충동에 의해서 혹은 누가 권해서, 유혹에 빠져서 하는 거라면 반드시 후회할 일이 생길 거야.

이유가 있어서 학교를 그만두는 거라면 학교에 자퇴서를 내는 시점도 신중히 따져봐야 해. 검정고시 날짜나 응시 자격 같은 것도 미리 꼼꼼히 확인하는 것이 좋아. 보통 자퇴를 하고 6개월이 지나야 검정고시를 볼 수 있는 자격이 주어지는데, 단 하루 차이로 다음 해에 시험을 봐야 하는 상황이 벌어질 수도 있거든. 참, 너희들 그건 알고 있니? 고등학교 검정고시를 봐도 고등학교 졸업은 아니라는 것. 검정고시는 상급 학교에 진학할 수 있게 동등한 자격을 주는 것일 뿐, 최종 학력은 '중졸'로 기록돼. 중학교 검정고시를 본다면 '초졸'이 되는 셈이지.

너희가 학교를 그만둘까 집을 나올까 고민하며 인생의 큰 결정을 내리기 전에 꼭 생각해야 할 것이 있어. 시간이 흐르면 언젠가는 너희도 사랑하는 사람을 만날 테고 아이도 생기겠지. 그들이 지금 너의 이 결정에 대해서 물을 때 당당하게 설명할 수 있을지 생각해 봤으면 해. "그때 아빠는 왜 학교를 그만뒀어요?"라고 아이가 물었을 때 "아빠는 이러저러한 계획이 있었어. 아빠의 미래를 위해 학교보다는 다른 것을 선택하는 게 더 낫다고 생각했어."라고 당당하게 말할 수 있으면 돼. 하지만 그렇게 말할 수 없다면 다시 한 번 생각해 봐. 나중에 반드시 후회할 일이 생기거든.

꼭 화를 터뜨려야 상대가
잘 알아들을까?

고등학교 2학년 남자아이가 찾아온 적이 있어. 사회성이 떨어져서 상담을 받는 아이였지. 그런데 의자에 앉자마자 "어제 아빠랑 대판 싸웠어요." 하는 거야. 사연을 들어보니 아빠랑 팔씨름을 하다가 졌는데, 아빠가 팔을 한 번에 넘기지 않고 넘길 듯 말 듯 장난을 쳤다는 거야. 아이는 아빠가 자신을 놀린다고 생각했지. 화끈하게 졌으면 화가 안 났을 텐데 그런 식으로 지니 은근히 자존심이 상했대. 한 판 더 하자고 했는데 이번에는 또 너무 쉽게 승부가 났대. 아이가 이기긴 했어. 그런데 자기는 젖먹던 힘까지 냈는데, 아빠가 그냥 져준 것 같더라는 거야. 결국 기분이 더 나빠져서 아빠한테 소리를 지르며 대판 싸웠다는 얘기였어.

　자존심이 상하기는 했을 거야. 놀림 받은 것 같았을 테니까. 남자에게 힘은 무척 중요하잖아. 그런데 내가 화를 내기보다 "아빠, 화끈하게 지면 좋은데 이렇게 지니까 자존심이 좀 상하네요."라고 말하지 그랬느냐고 했더니, 자기는 원장님 말이 잘 이해가 안 된다고 하더라. 100만큼 화가 났는데, 어떻게 50만큼만 화를 내느냐고. 그러면 나머지 50만큼의 감정이 자기 안에 남아서 자기가 더 힘들어진다는 거야. 너희도 그러니?

　20년을 함께 산 부부가 있었어. 아내는 남편을 철석같이 믿었지. 그런데 어느 날 남편이 바람을 피운 사실을 알게 됐어. 아내인 A는 너무 화가 나서 "네가 어떻게 나한테 이럴 수 있어?" 하면서 욕을 해댔어. 울며불며 남편에게 달려들어 얼굴을 할퀴고 꼬집기까지 했지. 그런데 똑같은 상황에서 B라는 아내는 그 감정을 차분히 다 말로 표현했어. "당신이 나에게 얼마나 믿음직스러운 존재였는데……. 지금 이 배신감을 어떻게 극복해야 할지 모르겠네요. 나는 깊은 상심에 빠졌고 너무 큰 상처를 받았어요."라고 말이야. 네가 남편이라면 누구에게 더 미안하겠니? A는 아마 화를 내다가 오히려 마음에 담긴 말을 다 하지 못했을 거야.

어떤 상황에서도 폭발하듯 화내지 않고 말하는 법을 연습해야 한다는 거야. 술을 먹고 얘기하면 아무리 좋은 내용도 술주정에 불과하듯, 화를 내면서 얘기하면 그냥 내 안의 분노를 표출하는 것에 지나지 않을 수 있거든. 꽥 소리 지르듯 말하는 것도 피해야 해. 그렇게 하면 정작 너희가 전달하고 싶은 내용은 상대의 귀에 들어가지 않아. 내용은 고사하고 혼만 나는 경우가 더 흔할걸. '아, 쟤가 이게 싫다는 거구나. 이렇게 하겠다는 거구나.' 하고 알아듣는 것이 아니라 "왜 소리를 지르고 화를 내!"가 되면서 감정적인 싸움으로 번지게 되지.

목적이 상대에게 싸움을 거는 것이 아니라 너의 의견을 말하는 것이라면, 너무 감정적이 되어서는 안 돼. 누구든 감정적 선을 넘으면 무서워지는 것이 아니라 우스워지거든. 네가 어릴 때는 부모님이 소리를 지르고 매를 들면 무서웠지? 지금은 어때? 때려도 속으로는 '또 왜 저래?' 이러지? 똑같아. 네가 너무 폭발하듯 화를 내면 상대도 너를 우습게 봐. 화를 내는 것도 말로 해. 말만으로도 충분히 화낼 수 있어.

그렇다면 화가 폭발하는 걸 어떻게 막을 수 있을까? 가장 좋은 방법은 숨을 한 번 깊이 들이쉬는 거야. 그렇게 3초만 참으면 돼. 그러면 "으~~~~악!" 하려던 것이 "그런데…….."로 바뀔 수 있어. 물론 처음에는 어려울 거야. 자꾸 연습해야지. 터질 듯이 화가 나면 머리를 긁적이거나 "알겠는데요……."라고 해봐. 그러면서 화를 가라앉히는 거지. 다른 방법을 생각해 봐도 좋아. 어른들과 대화할 때는 먼저 "무슨 말씀인지 알겠는데요."라고 말하는 것이 너에게 유리해. "무슨 얘긴지 전혀 모르겠거든요." 하는 것보다 시간도 벌 수 있고 대화를 풀어가기가 훨씬 더 편하지.

화를 터뜨리지 않고 말로 표현했는데도 네 의견을 상대방이 받아주지 않을 때도 있을 거야. 어쩌면 받아주는 경우가 더 적을지도 모르지. 하지만 그래도 해봐. 감정의 표현과 조절은 굉장한 연습이 필요해. 네가 지금부터 연습하면 아마 스무 살이 될 무렵에는 대인 관계에서 아무리 화가 나도 화를 터뜨리지 않고 말하는 것, 너의 주장을 상대에게 전달하는 것, 너의 감정을 표현하는 것이 훨씬 수월해질 거야. 하지만 네가 화를 내지 않고 조목조목 말로 한다고 당장 설득이 될 거란 기대는 하지 마. 네가 아무리 옳은 이야기를 해도 안 들어주는 경우도 많아. 그래도 하는 거야. 내 의견이 중요한 거니까.

한 걸음 떨어져서 너를 봐.
정말 불편한 게 뭐니?

화가 많이 난 것도 아닌데 왠지 터져버릴 것 같은 느낌. 그럴 때도 아마 있을 거야. 내 안에 뭔가가 부글부글 끓고 있는데, 그 감정의 정체가 뭔지 몰라 미쳐버릴 것 같을 때가 있지. 그럴 땐 왠지 모르게 마음이 불편하고 불쾌해. 마치 안개 속을 헤매는 느낌이거든.

그런데 그 불편한 마음을 귀찮아서 혹은 잘 모르겠다는 이유로 외면해 버리면 공격적인 행동을 하기 쉬워. 그럴 땐 네 마음을 정면으로 바라봐야 해. "짜증 나!" "아유, 신경질 나." 할 때, 우리는 그걸 그냥 '짜증'이나 '신경질'이라고 말해 버리지만, 마음속엔 뭔가 더 복잡한 게 있는 거거든. 뭔가가 불편한 거야.

마음을 불편하게 하는 것에는 여러 가지가 있어. 화가 나도 불편하고, 자존심이 상해도 불편하고, 걱정이 있어도 불편해. 잠깐 생각해 봐. '내가 지금 무엇 때문에 신경질이 나지?' 그리고 한번 적어봐. 사사건건 잔소리하는 부모님 때문에 짜증이 난다면, 어떤 잔소리에 특히 짜증이 나는지 구체적으로 적어봐. 그런 다음 한번 읽어보는 거야. 부모님의 잔소리가 말도 안 된다고 생각하니?

요즘 아주 짜증이 나서 미치겠다는 고등학생 여자아이가 하나 있어. "뭐 때문에 그렇게 짜증이 나는데?"라고 물었지. 부모님이 화장하지 말라고 하고, 자기 몰래 친구한테 확인 전화하고, 친구들이랑 더 놀고 싶은데 빨리 집에 들어오라고 소리를 질러서 창피하다는 거야. 그래서 내가 물었어.
"놀 때 재밌어?"
"재밌죠."
"그럼 놀고 들어올 때는?"
"당연히 좋죠. 어떨 땐 꼭 좋지만은 않지만……."
"놀고 들어올 때 마냥 즐겁지만은 않구나. 공허한 거네. 왜 그럴까?"
"아, 시험 기간이니까요."

아이의 마음을 불편하게 하는 것을 다 끄집어내 보니 부모님의 잔소리보다 더 큰 것이 '내가 지금 이래도 되나?'였어. 부모님의 잔소리가 전혀 말이 안 되는 무리한 요구가 아니었기 때문에 이해되는 측면도 있었던 거지. 그 아이에게 원장님은 이렇게 말해 줬어.

"그럼 공부를 조금만 해. 죽도록은 말고, 조금만."

"아유, 모르겠어요. 어려워요."

"그럼 책상에라도 앉아 있어. 앉아 있으면 덜 불안할걸. 그냥 앉아만 있는 거야. 이번에는 앉아 있는 것만 연습한다 생각하고 시험 끝나면 놀아. 너 아무것도 안 하면 시험 기간에 마음이 불편하지?"

"네, 더 졸리고……."

"밤새 공부하니?"

"아니요."

"밤에 잘 자고도 왜 졸린 것 같아?"

"……."

"마음이 불안해서 그런 거야. 오히려 책상에 앉아 있으면 덜 졸릴 거야."

"그래도 졸려요."

"그래? 그럼 책상에 엎드려 자도 돼. 앉아 있는 연습만이라도 해."

 깜깜한 밤길을 걷고 있는데 멀리 거무스름한 실루엣이 보여. 무서워서 그 자리에 얼음이 된 듯 멈춰 섰어. 가슴은 쿵쾅쿵쾅 두방망이질 치고 한 걸음도 뗄 수가 없었지. 괴물 같기도 하고, 커다란 도끼를 든 사람 같기도 하고, 어쩌면 귀신이나 좀비일 수도 있겠다는 생각까지 들었어. 그런데 그 거무스름한 것의 정체가 뭐였는지 아니? 바람에 날아가던 커다란 비닐이 길가에 내놓은 화분에 걸린 거였어. 이거랑 똑같아. 괜히 겁먹지 말고 지금 네가 느끼는 복잡하고 불편한 마음의 정체를 잘 들여다봐야 해. 유체 이탈을 했다 생각하고 너를 내려다봐. 지금 어떤 상황인지, 왜 그러는지 네가 마치 정신과 의사가 된 것처럼 스스로를 진단해 봐. 내 자신이 뭘 걱정하고 있는지, 뭐가 불편한지만 확실히 알아도 터질 것 같은 마음에 바람이 좀 빠질 거야.

 한발 물러서서 자신을 보는 것, 그것을 전문 용어로는 '셀프 모니터링(self monitoring)'이라고 해. 상당히 고차원적인 뇌의 기능이지. 정신과 의사가 되려면 셀프 모니터링 훈련을 굉장히 많이 해야 해. 셀프 모니터링은 나에게 100% 공감하는 '나'와 그 상황을 객관적으로 관찰하는 '나', 이렇게 나 자신을 둘로 나누는 거야. 그래서 의사는 환자가 어떤 사건에 휘말려서 어쩔 줄 몰라 하며 죽고 싶다고 할 때, 그 심정에는 충분히 공감을 하지만 환자와 똑같이 망연자실하며 "어쩌죠? 어떡하면 좋아요." 하지 않아. 지금의 상황을 객관적으로 관찰하는 또 다른 나가 있기 때문에 그 상황에서도 환자를 도울 수 있는 방법을 찾을 수 있는 거야. 그런데 꼭 정신과 의사가 아니어도 이 기능을 발달시킬 필요가 있어. 그래야 객관적인 사람이 될 수 있거든. 사춘기는 자아의 개념이 급격하게 발달하는 시기야. 셀프 모니터링을 배우고 연습하기 좋은 때지. 터질 것 같은 너를 지켜보는 또 하나의 너를 가져봐. 그리고 네가 왜 그런지 지켜보는 거야.

뭐든 확 그만둬 버리고 싶은 마음 깊은 곳에는 '두려움'이 있어. 그래서 도망가고 싶은 거야. 불같이 화내고 부수고 싶은 마음속에는 '약함'이 있어. 약해서 물어뜯는 거지. 어른들도 마찬가지야. 별거 아닌 일에 버럭 소리 지르고 물건을 때려 부수고 뛰쳐나가 버리는 사람 치고 내면이 강한 사람은 없어. 친구나 동생을 무는 꼬맹이들을 본 적 있니? 보통 그런 아이는 강하고 거칠 거라고 생각하지? 그런데 남을 무는 꼬맹이들 중에는 겁이 많은 아이들이 의외로 많아. 자신을 공격할까 봐 겁이 나서 남을 먼저 공격해 버리는 거지.

한 걸음 물러서서 너 자신을 봐. 네가 모르는 의외의 진실을 만날 수 있을지도 몰라.

치사하고 더러워도
중간 과정을 생략하지 마

하고 싶은 게 있는데 하지 못하는 상황이거나 부모님이 그걸 못하게 할 때 터져버릴 것 같니? 그런 경우일수록 네 생각을 더 밝혀야 해. 한 번에 "그래라." 하는 부모님은 없어. 공부하는 것 빼고 네 부탁을 한 번에 들어주는 부모님은 어디에도 없을 거야. 여러 번 설득해야 하지. 저질러놓고 통보하면 대부분의 부모님들은 기분 나빠 해. "이래도 될까요?" 하고 먼저 상의를 해야 해. 물론 안 된다는 말이 습관처럼 먼저 나오겠지만 그 말에 좌절할 필요는 없어.

어떤 아이가 부모님 돈을 훔쳤대. 어떻게 부모님 돈에 함부로 손을 댈 수 있느냐며 부모님은 펄쩍펄쩍 뛰었어. 달라고 하면 줬을 텐데 왜 그랬는지 모르겠다고 아이한테 실망과 배신감을 느끼는 듯했지. 원장님은 아이에게 왜 부모님께 용돈을 달라고 하지 않았느냐고 물었어. 아이는 부모님이 막 뭐라고만 하고 돈은 안 줄 것 같아서 그렇게 한 거래. 물론 부모님이 웃으면서 "그래, 알았어. 얼마 줄까?" 하지는 않겠지만, 용돈을 달라고 하면 받을 확률이 더 높아. 잔소리 안 하고 쿨하게 그냥 주면 좋겠는데 대부분의 부모님들은 그렇게 하지 않아. "돈 좀 아껴 써. 뭐 하는 데 또 돈이 필요한데?" "어디에 쓰려고? 왜 필요한데? 너 며칠 전에 돈 줬잖아." 이렇게 잔소리를 하겠지. 어떤 부모님은 느닷없이 "지난번 중간고사 성적이 이 모양인데. 공부도 더럽게 안 하는 녀석이……."라고 치사하게 굴 수도 있을 거야. 하지만 원하는 것을 얻으려면 잔소리도 참아낼 줄 알아야 하고 따지고 싶은 마음도 잠시 자제할 수 있어야 해. 다른 아이들도 다 이런 불편한 절차와 여러 번의 설득 끝에 용돈을 손에 넣는 거거든. 그러니까 그 정도는 불편한 것이 아니라 당연한 중간 과정으로 생각해야겠지?

어떤 요구를 할 때, 네가 정말 잘못한 것이 없고 떳떳하다면 한 주가 걸리든 두 주가 걸리든 부모님을 설득해 봐. 설득 과정에서 뭐라고 하는 건 보통 부모님들이 다 하는 행동이야. 대개는 그러고 나서야 허락을 하거든. 여러 번 설득하다 보면, 처음에는 강력하게 반대하던 부모님도 조금씩 누그러지게 되어 있어. 엄마는 "그런데 아빠가 된다고 할까?" 하고, 아빠는 "엄마는 안 된다고 할 것 같은데……."라고 하면서 마음이 살짝 약해지는 게 보일 거야. 그럴 때 마음을 담아 몇 번 더 간곡하게 부탁하면 대부분의 부모님들은 들어주게 되어 있어.

"제발 나 좀 건드리지 마!"라고 말하고 싶을 때

　아침부터 엄마한테 잔소리를 한 바가지 듣고 기분이 나쁜 상태로 학교에 갔어. 학교에 갔더니 오늘따라 담임 선생님이 종일 난리를 쳐. 학교에서도 내내 짜증이 났지. 학교 수업이 끝나고 학원 가는 길에 우연히 어떤 아저씨를 쳐다봤는데 아저씨가 뭘 째려 보느냐며 느닷없이 화를 내는 거야. 어이가 없지. 학원에 갔더니 학원 선생님은 숙제 안 해왔다고 머리를 때리네. 머리 건드리는 거 진짜 싫어하는데……. 옆에 앉은 짝은 발을 밟아놓고서 미안하다는 말 한 마디 안 해. 정말 미쳐버리겠지. "제발 나 좀 건드리지 마!" 하고 소리치고 싶을 거야.

지금 너희는 참 애매한 위치에 있어. 사람들은 너희를 어른처럼 존중해 주진 않으면서, 그렇다고 어린아이한테 하듯 친절하게 대해 주지도 않아. 스스로 알아서 할 나이라는 거지. 그러면서 항상 명령조로 이야기해. 나름대로 고민이 많은데 생각 없이 사는 사람 취급 할 때도 허다하고. 가뜩이나 사춘기라서 호르몬도 요동을 치는데, 주변에는 웬 자극이 이렇게나 많은지. 그러다 보니 속이 터질 것 같은 때가 많지. 어린아이들은 주변의 자극이 상대적으로 적어. 성인이 되면 자극이 들어와도 그것을 충분히 소화할 수 있는 능력이 생기고. 그런데 너희는 어린아이도 아니고 그렇다고 성인도 아닌 나이이기 때문에 더 괴롭지. 자극은 많은데 소화력이 부족하거든. 하지만 자극 자체를 줄이기는 힘들어. 현실이 하루아침에 바뀔 수는 없잖니. 그러니까 지금 당장 덜 괴로우려면 너희가 자극을 소화하는 능력을 키우는 수밖에 없어.

자극을 해소하는 가장 쉽고 좋은 방법은 '운동'이야. 너희 나이 때는 운동을 많이 해야 해. 땀을 흘리면서 다른 아이들과 몸을 부딪치고 신 나게 움직이다 보면 쌓였던 자극들이 많이 해소되지. 친구와 함께할 상황이 아니라면 혼자 해도 좋아. 드라마의 주인공들이 화가 치밀거나 생각이 복잡할 때면 땀이 흠뻑 나도록 달리기를 하거나 팔굽혀펴기를 하잖아? 모두 좋은 방법이야. 네가 좋아하는 것을 찾아 일주일에 세 번, 하루에 삼십 분 이상 규칙적으로 운동을 하다 보면 터질 것 같은 기분이 훨씬 줄어들 거야.

스트레스를 해소한다면서 싸우고 부수는 게임을 하는 건 별로 좋지 않아. 이런 건 자극을 소화하는 능력을 키우는 데 별 도움이 안 되거든. 눈으로 보기만 하는 것과 직접 몸을 움직이는 것은 달라. 세상과 직접적으로 만나고 부딪치는 감각 체험을 해야 해. 게임을 하는 것은 간접 체험일 뿐이어서 속이 별로 시원해지지 않거든. 만약 운동하는 것이 어렵다면 샤워를 하면서 고래고래 노래를 부르거나 그림이나 만화를 그리는 것도 좋아. 너희에겐 짧은 시간이라도 온몸의 감각을 집중시켜 직접 느끼고 몰입해 보는 경험이 필요하거든. 그러다 보면 자극에 대한 소화력도 좋아지고 어느덧 사춘기라는 시기도 지나가 있을 거야.

불합리해 보이는 것 중에는 네가 모르는 면이 있어

너희는 부모님이 통제하는 것 중에 뭐가 가장 답답하니? 많은 아이들이 '귀가 시간'을 꼽더라. 사실 부모라면 "그래, 알았다. 늦게 와라." "그래, 자고 와라." 하고 선선히 말하기 어려워. 아무리 네가 위험한 행동을 안 하고 스스로를 지킬 수 있는 아이라고 믿는다 해도 마찬가지야. 왜 그런 줄 알아? 많은 나쁜 일들이 밤에 생기기 때문이야. 낮에는 좀 덜한 편이지. 너는 세상과 상호작용을 하며 살아가고 있기 때문에 너만 조심한다고 다 되는 건 아니거든. 운전을 할 때, 내가 아무리 신호를 잘 지킨다 해도 사고가 날 수 있잖아. 그래서 '방어 운전'이라는 것을 하지. 귀가 시간을 통제하는 것도 마찬가지야. 너를 못 믿는 게 아니라 늦은 시각 네가 마주치게 될 사람들을 믿지 못하는 거지. 네가 나쁜 짓을 할까 봐 걱정하는 게 아니라, 이 세상 모든 어른들이 엄마나 아빠처럼 너희를 보호해 주는 건 아니기 때문에 걱정하는 거야. 네가 아무리 똑똑하게 처신을 잘한다 해도 언제든 위험한 상황에 처할 수 있다는 거지.

앞에서 두발과 교복 이야기하면서 어른들이 너희를 죄수 취급하는 면이 있다고 했었지? 그런데 그렇게 하는 데에는 사실 너희를 통제하려는 것뿐만 아니라 보호하려는 목적도 있어. 요즘은 너희 시기 아이들의 발육 상태가 옛날보다 훨씬 좋아져서 몸만 보면 어떨 때는 정말 어른과 구별이 안 될 때가 많아. 하지만 미성년자는 아직 많은 부분에서 보호를 받아야 해. 그래서 '학생'이라고 구별하기 쉬운 방법을 생각해 낸 거지. 어른들이 하는 많은 행동들에 너희가 생각하는 것처럼 꼭 나쁜 면만 있는 건 아니라는 거야. 네가 보고 있는 관점이 다가 아닐 수도 있다는 거지. 많은 사람들이 어떤 규칙을 정해서 따르고 있다면 그럴 만한 이유가 있는 게 아닐까? 네가 평생 이렇게 통제와 간섭 속에 살아야 한다면 문제가 될 수도 있겠지만, 이건 거쳐가는 과정일 뿐이고 지금 시기의 규칙과 통제에는 너한테 도움이 되는 면도 있다는 거야.

집단은 개개인의 특성 하나하나까지 다 맞춰줄 수는 없어. 때문에 규칙이나 법의 잣대란 경직되게 마련이지. 법이 너무 유연할 경우, 기본적인 능력이나 자질을 갖춘 사람은 그것을 잘 해석하고 지켜내겠지만, 그렇지 않은 사람은 다른 사람을 불편하게 만들기도 하거든. 예를 들어 차가 빈번하게 오가는 곳에 차를 세우면 안 되잖아. 통행에 방해가 되니까. 개개인이 상황을 잘 판단해서 교통 규칙을 지켜주면 문제가 없겠지만 그렇지 않은 사람들 때문에 선량한 사람이 피해를 입을 수 있다는 거야. 그래서 주정차 금지 같은 표지판을 붙이는 거고. 학교의 기본 원칙도 마찬가지지. 원칙을 너무 유연하게 적용하면 질서 있는 운영이 힘들어져.

그리고 또 한 가지. 선생님들도 인간이야. 개중에는 정말 훌륭하고 존경스러운 선생님도 있지만 그들도 완벽할 수는 없어. 선생님들도 말실수를 할 수 있고, 어떤 일에 대해서는 잘못된 판단을 내릴 수도 있지. 물론 그러면 굉장히 화가 나고 억울할 거야. 그렇대도 애들 앞에서 선생님 멱살을 잡거나 선생님에게 대들어서는 안 돼. 선생님과 단둘이 있을 때도 마찬가지지만, 공개적인 자리에서는 그런 행동을 더 삼가야 해. 선생님은 아이들을 지도하고 지시를 따르게 하는 사람인데 네가 선생님의 체면과 자존심을 뭉개버린다면 선생님도 그냥 넘어가기가 힘들거든. 영혼 없는 말이라도 공개적으로는 "죄송해요."라고 사과드리고, 부당하다고 생각되는 점이 있으면 개인적으로 선생님을 찾아가서 이야기하는 게 지혜로운 처신이야. 조용히 찾아가서 말할 때는 알지? 화내거나 소리 지르지 말고, 믿어주든 믿어주지 않든 그냥 사실을 얘기하면 된다는 것.

Theme 3

말할 사람도 없고
갈 곳도 없고
마음 둘 곳도 없어···

너무 외롭지?

사람은 원래
외로운 거야

울지 마라
외로우니까 사람이다
살아간다는 것은 외로움을 견디는 일이다
공연히 오지 않는 전화를 기다리지 마라
눈이 오면 눈길을 걸어가고
비가 오면 빗길을 걸어가라

정호승 시인의 「수선화에게」라는 시의 앞부분이야. 정말 맞는 말 아니니? 세상에는 외롭지 않은 사람이 없어. 사람은 누구나 혼자라고 느낄 때 외로움을 느끼지. 너도 그럴 때가 있지 않니?

원장님은 지금도 외로워. 하루 종일 진료실 밖으로 못 나가거든. 진료실 안에 들어오는 사람은 계속 바뀌지만 원장님은 이 좁은 공간에 계속 혼자 있어야 해. 그리고 이 공간에서 일어나는 모든 일들을 혼자 처리해야 하지. 의사는 굉장히 고독한 직업이야. 대학교에 다닐 때도 그랬어. 원장님은 캠퍼스 커플이라 지금의 남편이 늘 곁에 있어주었지. 하지만 내가 해야 하는 공부를 남편이 대신 해줄 수는 없었어. 힘든 공부를 같이 해 나가기 때문에 서로의 존재가 위로가 되긴 했지만, 결국 공부는 나 혼자 오롯이 감당해야 하는 몫이었어. 졸업고사를 보는 한 달 동안은 정말 너무 힘들어서 견딜 수가 없는 날도 있었지. 그럴 때는 목 놓아 실컷 운 적도 많아. 내가 느꼈던 외로움은 주변에 사람이 없어서 느끼는 외로움이 아니라 인간의 삶과 인생의 행로에서 느끼는 고독함이라고 해야 맞을 거야.

졸업고사 기간에 힘들어서 한참을 엉엉 울다가 원장님이 혼자 중얼거렸던 말이 뭔 줄 아니?

"아이고, 누가 등 떠밀었나. 내가 좋아서 와놓고 누구를 원망해. 누가 억지로 보냈으면 오늘 살인 났겠네, 살인 났겠어."였어. 공부하는 과정은 외롭고 고독하지만 내가 선택한 것이니 내가 책임져야 한다고 생각한 거지.

살다 보면 자기 혼자 처리해야 하는 일들이 점점 늘어나게 돼. 그 일을 해 나가는 과정은 고독하고 외롭지. 그런 일들이 급격히 많아진다면 그만큼 더 외로움을 느낄 수 있어. 갑자기 해야 할 공부도, 주변의 도움 없이 스스로 해야 할 일도 많아진 지금 너희 상황처럼 말이야.

해야 할 일이 너무 많아도,
너무 없어도 외로워

초등학교 저학년 때까지는 "엄마가 도와줄게."가 참 많아. 그런데 고학년이 되어 사춘기에 접어들면 "너 스스로 해." 하는 것들이 갑자기 많아지지. 도와주는 손길이 줄어든 만큼 갑자기 혼자가 된 듯 외로움을 느끼기도 쉬워. '내가 해야 할 일'이라고 생각하고 열심히 공부하는 아이들도 집으로 돌아오는 길에는 외롭다는 생각을 많이 한다고 해. 그런데 그거 아니? 아무리 그 과정이 외롭고 힘들다 해도 튕겨 나가 버리면 더 외로워진다는 거.

자기 인생에서 스스로 책임져야 하는 일들, 그 일들을 해내는 고독한 과정을 버티지 못하는 아이들이 있어. 그래서 그 책임에서 도망치기 위해, 그 고독함을 잊기 위해 아무것도 하지 않고 집에 널브러져 있거나 친구들을 만나 피시방, 노래방으로 놀러 다니지. 그런데 그렇게 하면 정말 안 외로울까? 정말 내가 해야 할 일, 내 책임이 없어지는 걸까? 힘든 공부 안 하니까 마냥 즐겁고 행복할까? 아니, 그렇지 않아. 안 외로운 척하는 것일 뿐이고 스스로 즐겁다고 최면을 거는 것뿐이야.

인간은 누구나 고독한 과정을 걸어가게 마련이지. 그런데 그 과정을 혼자 거부하면 오히려 더 외로워지는 거야. 학교 빼먹고, 학원 빠지고 노는 아이들의 인생은 편하고 재밌어 보이니? 놀라운 건 그 아이들은 교복 입고 가방 메고 학교나 학원 가는 너희 같은 친구들을 보면서 외롭다고 느낀다는 거야. "애들이랑 술 마시고 담배 피우고 늦게까지 놀다가 집에 올 때 기분 좋으니?"라고 물으면, "아니요. 너무 외롭고 후회돼요."라고 답하는 아이들이 있다는 거지.

하루 종일 학원에 도서관에, 힘들게 공부하고 집에 갔는데 부모님이 "너 왜 이렇게 열심히 안 하니? 과외라도 하나 더 하자." 하면 내가 힘든 걸 부모님이 이해하지 못하는 것 같아 외로워져. 반면에 하루 종일 실컷 놀다 들어갔는데 집이 너무 조용하고 적막해. 부모님은 그냥 "밥은 먹었니?" 하고는 방으로 들어가 버려. 그럴 땐 또 '부모님이 나를 포기했구나.' 하는 생각이 들어서 외롭고 괴롭지. 그런 거야. 이래도 외롭고 저래도 외롭고…….

사실 사춘기에 너희가 해야 할 일이나 책임과 관련된 외로움은 너희들이 감당해 내는 수밖에 없어. 청소년기는 혼자 뭔가를 책임지고 성실히 완수해 내는 훈련을 하는 시기이기도 하거든. 꼬맹이들은 외로운 걸 몰라. 그냥 심심하다고 하지. 외롭다는 감정을 안다는 건 너희가 자라고 있다는 증거야. 해야 할 일이 너무 많아 버겁다면 줄여 달라고 해. 너에게 무리가 된다고 여겨지면 따져볼 필요가 있어. 하지만 그 시기에 누구나 책임져야 하는 일이라면 힘들더라도 네가 주체가 되어 감당해 나가는 것이 좋아. 너에게 주어진 일은 너의 성장을 위한 것이지, 다른 누구를 위한 게 아니거든. 누군가의 명령에 질질 끌려가듯 따르는 것이어서는 곤란해.

덜 외로우려면
진실한 자기 모습을 봐야 해

    인간은 성장할수록 혼자 해결해 나가야 하는 일이 점점 많아져. 그래서 점점 더 고독해지지. 그런데 그 고독을 견디게 해주는 게 있어. 바로 친구야. 너는 어때? 솔직히 부모님보다 친구가 더 좋지 않아? 그래, 지금 너희가 그럴 때야. 지금은 친구와 가까워지는 것이 더 좋고, 자연스러운 때라는 거지. 슬픈 사실은 친구들 사이에서 오히려 더 외로워질 때가 있다는 거야.

    A라는 아이가 있어. 항상 다른 친구들 말을 잘 들어주는 착한 아이였지. A에게는 반 친구 B가 있는데 어느 날 B가 와서 대뜸 "아유, 이렇게 시험을 못 봐서 나 대학이나 갈 수 있을지 모르겠

다."라고 했어. 그런데 사실 A는 B를 잘 몰라. 마음속으로는 '나도 시험을 망쳐서 위로가 필요해. 우린 별로 친하지도 않은데 왜 나한테 그런 얘기를 하니?'라고 생각했지. 하지만 A는 사람들이 자기를 배려심 많고 착한 아이라고 생각한다는 사실 때문에 솔직하게 말하지 못했어. 결국 B에게 "아니야, 넌 좋은 대학 잘 갈 거야."라고 말해 줬지. 그때 A의 마음은 어땠을 것 같니? 외로웠을 거야. 왜냐고? 사람은 누구나 '타인이 생각하는 나'와 '있는 그대로의 나' 사이의 차이가 커지면 외롭거든.

그렇다고 이때 B에게 "나도 힘들어 죽겠어. 왜 나한테 그런 얘기를 하니?"라고 속마음을 있는 그대로 다 말해 버리면 곤란해. 그냥 네가 B를 잘 모르고 딱히 조언해 줄 말이 없다는 것 자체를 편안하게 받아들이는 것, 그게 중요해. 그리고 순화된 표현으로 이렇게 얘기해 주는 거야. "나도 시험을 못 봐서 너한테 딱히 해줄 말이 없다. 내 코가 석자거든. 나야말로 너한테 좀 물어보고 싶다."라고. 그런데 많은 아이들이 친구들과 있을 때 자기를 포장하게 되지. 하지만 그렇게 다른 사람이 규정한 자기 모습이 있는 그대로의 내 모습과 차이가 많이 날 때, 우리는 참 외로워져.

누구나 진짜 내 모습과는 많이 다른, 타인이 규정지어 놓은 나를 만나게 될 때가 있어. 그럴 때는 솔직하게, 그렇지만 부드럽게 말해야 해. 솔직한 자기 모습에 나 스스로도 익숙해지고 다른 사람에게도 그런 내 모습을 자연스럽게 보일 수 있어야 한다는 거야.

원장님은 매일 새벽 한두 시까지 상담을 하거든. 그러다 보니 사람들이 종종 "선생님은 어떻게 이렇게 늦은 시간까지 일하세요."라며 걱정을 해. 나는 내 일에 보람을 느끼고 스스로 천직이라고 생각하지만, 그 시간까지 일하면 솔직히 힘이 들긴 하거든. 그래서 그럴 땐 아닌 척 안 해.

"솔직히 지금은 좀 힘들긴 하네요."

"어떡해요, 죄송해서."

"죄송할 건 없지요. 힘들지만 버틸 수 있어요. 내가 이 정도는 감당할 수 있으니까 오시라고 했죠."

힘이 든데 "하나도 안 힘들어요. 염려 마세요."라고는 안 한다는 거야. 그건 누구를 위한 일도 아니거든.

친구를 무척 좋아하는데 성격이 좀 내성적인 아이가 있었어. 이 아이는 처음 친구를 사귈 때 항상 좀 힘들어 해. 학기 초에 친구를 사귀는 게 제일 어려웠대. 그래서 다음 학년에 올라가면 다른 애들처럼 좀 더 적극적으로 친구를 만들어봐야겠다고 생각했어. 빨리 친구를 사귀는 아이들처럼 3월 한 달 내내 아주 적극적인 아이인 척하고 살았던 거지. 그런데 그러면 다른 사람의 옷을 입은 듯 불편하고 외로워져. 너무 힘든 거지. 게다가 다른 사람인 척하는 데에는 한계가 있거든. 친구들 사이에서도 이런저런 문제가 생기기 시작했어. 아이는 나를 찾아와서 자기는 너무 외롭고 대인 관계에 문제가 많다고 했지. 그때 나는 아이에게 "너에게 맞지 않은 옷을 억지로 껴입었으니 그렇지." 하고 말해 줬어.

인간은 사회적 동물이기 때문에 관계를 중요하게 생각하고 사람들과 잘 어울리고 싶어 해. 게다가 청소년기는 친구 관계가 특히 더 중요할 때이기도 하지. 그런데 잘 어울린다는 것은 관계가 편안한 것을 말해. 그러니까 억지로 애쓰지 마. 지나치게 애를 쓰는 건 맞지 않는 옷을 억지로 껴입는 것과 같아. 네 몸을 옷에 맞출 수는 없는 건데 말이야. 만약 네가 사람들과 친해지는 데 시간이 좀 걸린다면, 시간이 걸리는 대로 내버려 둬. 아무리 시간과 노력을 들여도 친해지지 못한다면 전문가를 만나서 문제를 해결해야겠지만 한두 달 정도 늦는 거라면, 그 자체를 스스로 인정하고 편안하게 받아들이면 돼. 스스로 불편하다 생각하기 때문에 약점처럼 느껴질 수는 있어도 그게 단점이나 문제점은 아니거든. 자신을 자연스럽게 인정하고 있는 그대로 내보일 수 있어야 자기에게 꼭 맞는 친구가 생기는 거야. 본래의 자기 모습을 거스르면서까지 지나치게 애를 쓰면 결국엔 끝이 안 좋게 되더라. 누가 너에게 "너는 왜 친구가 없어?"라고 물으면, "나는 친구를 사귀는 데 시간이 좀 걸리는 편이야." 하고 말해주면 돼. 그렇게 조금씩 진솔한 자기를 만나는 거야. 그래야 친구들 사이에서 외롭지 않아.

빈정거리고 찌르는 건 절대
친밀감의 표시가 아니야

　원장님을 찾아오는 사람 중에 스물여섯 살짜리 건장한 청년이 있어. 여러 가지 이유로 휴학을 많이 해서 아직 대학을 졸업 못 했지. 군대도 다녀오지 않았어. 이 사람은 그것 때문에 자신감이 없다고 했어. 자기 나이 정도면 군대도 다녀오고 취직 준비도 해야 하는데, '나는 뭔가?' 하는 생각을 늘 한다는 거야. 그런데 이 사람에게는 제법 오래된 친구가 하나 있었어. 그 친구도 이 사람이 군대와 취업에 대해서 콤플렉스가 있다는 걸 알고 있었지. 그 사람은 나름 이 친구를 베프라고 생각하고 있었어. 아르바이트도 같이 하고 있었고. 그런데 얼마 전 그 친구가 아르바이트 동료와 군대 이야기를 하다가 "너 군대에서 보직이 뭐였지?" 하고 묻더라는 거야. 군대 안 갔다 왔다는 걸 뻔히 알면서, 그 사실 때문에 괴로워한다는 걸 알면서 말이야. 그러면서 "요즘 군대 안 갔다 온 사람도 많더라?" 하고 비아냥거리더래.

또 한 번은 아르바이트 선임자가 "가끔 이상한 정신병자 같은 사람이 올 때가 있으니 조심하셔야 돼요."라고 하니까 갑자기 친구가 이 사람을 보더니 "너 왜 정신병자라는 말에 얼굴이 굳어지냐?"라고 묻더래. 친구는 이 사람이 정신과 진료를 받고 있다는 사실을 알고 있었거든. 그런데 이 사람은 화가 났지만 화를 낼 수가 없었어. "너 뭐 이런 것 가지고 쪼잔하게 화를 내냐?"라는 말을 들을까 봐 겁이 났던 거지. 너도 이럴 때 화를 내지 않는 게 우정이라고 생각하니? 남의 아픈 곳을 콕콕 찔러대는데도? 친구를 놀리고 빈정대는 것은 결코 친밀감의 표시가 아니야. 이런 식으로 친구를 대하는 건 미숙하고 이기적인 행동일 뿐이지. 한마디로 수준 이하의 유치한 행동이라는 거야.

성인이 되어서도 이런 친구들 때문에 괴로워하는 경우가 많아. 친하다는 이유로 함부로 말하고 비아냥거리고 심한 장난을 치는 사람들이 있거든. 머리가 크면 "야, 얼큰아. 너는 뒷간에 빠져도 머리가 걸려서 살아남겠다."라는 식의 말을 아무렇지도 않게 하는 거야. 상대가 머리가 큰 것 때문에 늘 신경 쓰고 있다는 사실을 뻔히 알면서 놀리는 거지. 이런 건 친구 사이에 해서는 안 될 일이야. 그런 이야기를 서슴없이 한다는 게 그 사람하고 나하고 친하다는 증거는 아니거든. 상대를 존중한다면 빈정대거나 상대의 아픈 곳을 찌르는 말을 하면 안 돼. 그런 말에 기분 나빠 하지 않아야 우정을 지키는 거라고 생각하지 마. 만약 누군가 널 이렇게 대한다면, 아무리 친한 친구라 해도 기분이 나쁘다고 표현해야 해.

너는 진정한 친구가 뭐라고 생각하니?

　청소년기는 집단을 형성해서 친밀감을 높여 가는 때야. 그런데 가끔 혼자서는 안 하거나 못할 일을 집단 안에 소속되면 아무렇지 않게 하는 아이들이 있어. "너 저거 훔쳐 와." 같이 윤리적으로 문제가 있는 행동도, 그 집단에서 밀려나는 것이 두려워서 하게 되는 경우가 있거든. 또 어떤 아이는 집단 괴롭힘을 당하면서도 소속감을 느끼고 싶어서 참고 견디기도 해. 그 안에 있으면 적어도 겉으로 보기엔 외롭지 않은 것 같으니까.

　집단의 압력이라는 것이 있어. 어떤 아이가 거짓말을 밥 먹듯이 하고 친구들 물건을 훔치고 만날 잘난 척을 해. 그런 애 한

대 때려주고 싶지? 그럴 때 집단의 한 아이가 그 아이를 응징하기 시작하면, 나머지 아이들도 따라 하기 시작해. 그 아이를 왕따 시키고, 못살게 굴고 때리기도 하지. 그중에는 마음으로만 동조하면서 방관하는 아이들도 있고. 집단에 속한 아이들은 그런 행동을 하면서 "쟤는 너무 나빠." "쟤는 저래도 싸." 하며 자신의 행동을 합리화하지. 그럴 때 아이들은 스스로 힘이 세서 못된 애를 응징할 수 있는 거라고 생각하겠지만, 사실 집단으로 한 아이를 괴롭히는 애들은 강한 것이 아니라 약한 거야. 집단을 만들고 집단 안에 들어가서 자신의 유약함을 강한 척 포장하고 있을 뿐인 거지. '친구 간의 의리'라는 명목하에 말이야.

너는 진정한 친구가 뭐라고 생각하니? 같이 있으면 즐거운 친구? 의리가 있는 친구? 원장님 생각엔 무엇보다 서로 도움이 되는 친구가 좋은 친구야. 도움이 되는 친구는 충고도 해주고, 네가 무슨 잘못을 하면 그러지 말라고 말려주기도 하지. 만약 어떤 친구가 너에게 빈정대는 말을 하고 좋지 않은 행동을 같이 하자고 부추긴다면 고민해 봐. 사춘기를 무사히 넘긴 아이들이 항상 하는 말이, 오래가는 친구는 어떤 행동을 부추기는 친구가 아니라 말려주는 친구라는 거야. 네가 잘못된 생각을 하거나 좋지 않은 행동을 할 때 말려주는 친구야말로 진정한 친구란 뜻이지.

친한 친구라고 해서 모든 행동을 같이 하고 똑같이 생각해야 하는 것은 아니야. 서로의 마음을 이해해 주고 배려해 주고 좋은 방향으로 이끌어주는 친구가 좋은 친구야.

힘의 균형이 깨지면
너도 피해자가 될 수 있어

자신보다 약해 보이면 함부로 대하고 싶은 마음, 우리 안에는 원래 그런 악한 면이 있어. 그래서 인간과 인간 사이에 힘의 균형이 깨지면, 상대를 폭력적으로 대하고 싶은 마음이 불쑥 올라오게 마련이야.

학교 폭력의 가해자가 되는 아이들은 보통 아이들보다 악한 면을 더 많이 가지고 있는지도 몰라. 하지만 힘의 균형이 깨지지 않는 이상 그 아이들도 무조건 나쁜 짓은 못해. 균형이 깨지는 순간 더 악해지는 거지. 한 번 그렇게 되면 즐기듯 악한 행동을 계속하기도 해. 가학적이라고 할 만큼 악행의 정도가 점점 심해지지. 만약 네가 그런 아이들의 타깃이 된 것 같다면, 주저하지 말고 힘의 균형을 되찾으려고 노력해야 해. 코피가 터지더라도 상대를 한 번 들이받든가, 아니면 그 상황을 잘 해결할 수 있는 사람에게 얘기를 해야 해. 절대 혼자 해결하려고 해선 안 돼. 힘의 균형이 깨진 채로 시간을 지체할수록 아이들은 더 악랄해질 수 있거든.

학교 폭력에 시달리다가 죽음을 택한 아이들에 관한 뉴스를 본 적 있니? 그 애들 중에는 의외로 모범적이고 똘똘하고 자기 일을 알아서 잘했던 아이들도 있었어. 아마 그 아이들은 어떻게든 스스로 그 상황을 해결해 보려고 했을 거야. 자기가 누군가에게 당하고 있다는 사실을 남한테 이야기한다는 것 자체가 굉장히 자존심 상하는 일이었을 테니까. 믿고 있는 부모를 실망시키고 싶지 않은 마음도 있었겠지. 쉽사리 해결될 문제가 아니라고 생각해서 무조건 견뎌보려고 했을지도 몰라. 그런데 이런 일은 견딜 만한 일도 아니고 절대 견뎌서도 안 되는 일이야. 스스로 힘의 균형을 회복할 수 없다면, 다른 사람의 도움을 받아서라도 힘의 불균형을 깨야 해. 부모님이나 선생님한테 이르면 '찌질이' 같아 보일까 봐 두려울 수도 있겠지만 인간의 가학성은 본능에 가까워서 너희가 스스로 해결하기는 어려워. 이르는 것이 싫다면 네 주위에 믿을 만한 어른에게 의논이라도 해. 어른들의 보호가 절대적으로 필요한 일이니까 말이야. 무엇보다 힘의 불균형을 가능한 빨리 깨야 하는 가장 큰 이유는, 네가 당하는 상태가 오래 지속될수록 그 아이들은 점점 더 악랄해지는 데 반해 네 마음은 점점 더 약해지기 때문이야.

매 맞는 아내들의 심리가 어떻게 변하는 줄 아니? 처음 맞을 때는 '내가 왜 맞지?' 하는 생각에 분해서 막 저항하고 반박해. 하지만 배우자가 계속 "너 같은 건 맞아도 싸." "너 같은 거랑 결혼해서 내 인생 망쳤어!"라면서 자꾸 때리면 점점 배우자 말대로 생각하게 돼. '나 같은 건 살 가치도 없어. 이혼해도 내 인생은 별반 다르지 않을 거야.'라고 말도 안 되는 생각을 하게 되는 거야. 그래서 아예 그 상황에서 빠져나올 생각을 못한 채 계속 맞고 살게 돼. 자존감이 곤두박질친 거지. 힘의 균형이 깨진 상태로 누군가에게 계속 당하면 정신이 피폐해져서 정상적으로 생각할 수가 없거든. 그럴 때는 바로 문제를 해결하거나 그게 안 되면 얼른 주위에 그 사실을 알려야 해.

사람을 때리거나 괴롭히는 것은 이유를 불문하고 나쁜 짓이야. 이 세상에 맞아도 되는 사람은 없거든. 반대로 힘이 세고 강하다고 해서 남을 마음대로 응징할 수 있는 권리를 가진 사람도 없지. 잘못한 게 분명해도, 누가 봐도 혼내주고 싶은 마음이 드는 친구라 해도, 그 아이를 혼내고 고쳐줄 사람은 너희가 아니라 그 아이의 선생님이나 부모님이라는 사실을 잊지 마.

스마트폰을 붙잡고 있으면 정말 안 외롭니?

너는 스마트폰을 하고 있으면 안 외롭니? 원장님은 스마트폰을 손에서 내려놓질 못하는 너희들이 굉장히 불안하고 외로워 보여. 아주 어린 아이들은 담요나 이불, 인형 같은 물건에 애착을 보이지. 이런 현상은 만 3세까지 유지되다가 4세 이후부터는 점차 사라져. 이것은 엄마에게서 심리적으로 완전히 독립하지 못한 아이들이 보이는 행동이야. 그런데 요즘 너희들이 애지중지하는 스마트폰이 내가 보기엔 어린아이들이 붙들고 있는 그 애착 대상물 같더라.

사람의 성장 발달 과정을 한번 살펴볼까? 돌 전 아이는 눈에 보이지 않으면 사물도 존재하지 않는다고 생각해. 하지만 돌이 지나면 눈에 보이지 않는 사물도 엄연히 존재한다는 걸 알기 때문에 엄마가 지금 눈앞에 안 보여도 어딘가에 있다는 것을 알게 되지. 세 돌이 되면 엄마가 나를 사랑하는 마음이 어디로 사라지지 않는다는 것도 알게 되고. 이런 발달 과정을 거치면 4세 이후부터는 애착 대상물에 대한 집착이 조금씩 사라지거든. 보이지 않는 감정까지 인식할 수 있는 능력이 생겼으니까. 그래서 엄마와 떨어져서도 이런저런 활동을 할 수 있게 돼. 그런데 사춘기라 불리는 나이가 된 너희들이 항상 뭔가 손에 쥐고 있어야 불안하지 않다는 건 조금 생각해 볼 문제야.

스마트폰을 하고 있으면 안 외로운 것 같니? 정말? 너희는 지금 실제로 존재하는 대상과 교감을 나누며 마음을 진정시키고 외로움을 달래야 하는 나이야. 친구가 눈에 보이지 않아도 우정이 변치 않는다고 생각할 수 있어야 하는 때지. 그런데 너희들은 스마트폰이 수시로 울리지 않으면 친구 사이에서 존재감이 없는 거라고, 멀어졌다고 여기잖아. 마치 꼬마들이 엄마를 졸졸 쫓아다니면서 계속 "엄마, 나 사랑해?"라고 확인하는 것처럼 말이야.

사실 요즘은 스마트폰이 없으면 친구랑 대화가 안 되는 건 맞는 것 같아. 그런데 원장님은 아무리 봐도 이 스마트폰이라는 놈이 친구 관계를 더 깊어지게 만들기보다 불안하게 만드는 주범 같단 말이야. 카톡이나 문자가 오면 어때? 재깍 답을 하고 싶고, 바로 답을 못하면 불안해. 메시지가 왔나 안 왔나 계속 확인해야 하니까 스마트폰을 놓을 수가 없는 거야. 네가 SNS에 글이나 사진을 올렸을 때, 누가 댓글을 다나 안 다나 계속 확인하면서도 불안해하지. 나한테 문자를 보내는 사람이 없어도 불안하고, 상대방이 답 문자를 안 보내면 이 사람이 왜 안 보낼까 생각하느라 불안하고, 누가 나한테 문자를 보냈는데 바로 답을 못할 상황이면 상대가 오해할까 봐 불안하고…….

스마트폰 때문에 빚어지는 친구들 사이의 오해는 또 어떻고? 스마트폰이 없었던 시절에는 친구가 뭐 하는지 궁금하면 직접 찾아가거나 전화를 했어. 요새는 그 아이의 SNS를 찾아가잖아. 그러다 혹시 나만 빼고 다른 친구들이랑 놀러 갔다 온 사진을 발견했다고 하자. 그러면 친구에게 직접 물어보지 않고 블로그, 카카오 스토리, 페이스 북, 트위터 등을 다 뒤지는 거야. 관련되어 있는 다른 아이들 SNS까지 전부 뒤져서 거기 올린 사진이나 글을 모두 종합해 보고 친구가 뭐 했는지를 알아내지. 그러면서 친구의 생각이나 마음을 추측하며 섭섭해하고 가슴 아파 해. 그런데 이런 행동은 정말 비효율적이야. 아주 주관적으로 상대의 의도를 왜곡할 가능성이 높지. 그만큼 더 많은 오해를 불러일으킬 수 있다는 얘기야. 친해지고 싶어서 하는 행동이 친해지는 것을 오히려 더 방해하는 셈이지. 때문에 그렇게 하면 할수록 더 외로워질 수밖에 없어.

 누구나 어딘가에 속해 있고 싶고, 집단의 일원으로서 공감대를 누리고 싶고, 마음이 통하는 사람들과 끊임없이 소통하고 싶어 해. 그런데 스마트폰은 그런 소통의 수단으로는 부적합한 것 같아. 스마트폰이 오히려 사람을 옭아매고 외롭게 만들거든. 외로움은 직접적이고 진솔한 소통으로만 해결할 수 있어. 예전에는 친구들하고 정말 다양한 상호작용을 했어. 서로 참고서를 빌려주면서 모르는 문제를 물어보며 더 친해지기도 했고, 책 안에 나뭇잎이나 쪽지를 넣어서 서로 교환하기도 했지. 좋은 글귀를 써서 전해 주기도 하고, 카세트테이프에 좋아하는 음악을 녹음해서 선물하기도 했어. 그러면서 친구를 더 잘 이해할 수 있게 되고 우정도 더 깊어질 수 있었어. 그래서 친구 때문에 외로운 일이 별로 없었지. 친구 덕분에 사춘기의 외로움을 이겨낼 수 있었던 거야.

지금 너희들에게 친구와 다양한 형태의 질 높은 상호작용을 할 시간이 부족하다는 건 알아. 부모님들도 그렇게 하도록 내버려 두지 않지. 하지만 아무리 그래도 원장님은 너희들이 친구와 땀 흘리면서 운동할 시간, 친구를 집으로 데려와 놀 시간, 친구와 영화 보러 갈 시간, 친구와 쇼핑 갈 시간, 친구와 얼굴 보며 수다 떨 시간들을 당당하게 부모님한테 요구했으면 좋겠어.

다들 스마트폰을 가지고 사는 세상이니 스마트폰 소통을 안 할 수는 없겠지. 하지만 앞서 설명한 문제점들을 알고는 있어야 해. 그리고 스마트폰 소통의 주도권과 통제권을 되도록 '너 자신이' 갖도록 해. 친구들에게 "나는 몇 시 이후에는 스마트폰 못해. 그 이후에 하면 압수당하거든. 스마트폰 사줄 때 엄마, 아빠랑 약속했어. 내가 그 시간 이후에 답을 못하더라도 오해하지 마라." 하고 미리 얘기를 해둬. 친구들이 마마보이라고 놀리더라도 "어쩔 수 없어. 그렇다고 전화기를 뺏길 수는 없잖냐." 해야 해. 처음에는 친구들이 이러쿵저러쿵 말을 해대도 나중에는 '쟤는 원래 10시 이후에는 전화 못 받지.' 하고 받아들이게 돼. 이런 기본적인 원칙 없이 계속 반응해 주다 보면 끌려 다니게 돼. 그리고 그런 사전 이해 없이 답을 안 해주면 그것 때문에 오해가 생길 수 있지. 스마트폰은 전화와 다르게 일방적인 매체이기 때문에 서로 시간과 속도를 맞출 수가 없어. 그래서 처음부터 선을 긋는 것이 필요해.

스마트폰 때문에 부모님한테 혼이 났던 적도 많을 거야. 많은 아이들이 부모와 충돌하는 이유 가운데 하나가 바로 스마트폰이거든. 성적이 조금만 나쁘게 나와도 "책상에 앉아 스마트폰만 들여다볼 때부터 알아봤다." 하면서 야단을 치니까. 친구랑 만나고 조금 늦게 들어오면 "연락도 안 되는데 스마트폰이 있으면 뭐해. 내가 저놈의 스마트폰을 부숴버려야지." 하고. 아침에 늦게 일어나면 "너 어젯밤에 또 몰래 스마트폰 했지?" 추궁하고, 학원에 늦으면 "스마트폰 가지고 놀다 늦게 간 거 아니야?" 해. 아무 관계도 없는데 모든 일에 스마트폰을 걸고넘어지거든.

그러니까 억울한 일을 덜 겪으려면 너희가 먼저 부모님께 제안해 봐. 만약 학원 끝나고 집에 오는 시간이 9시라면 "지금부터 10시까지 한 시간만 스마트폰 할게요."라고 말이야. 그런 다음 다 하고 방에 들어갈 때는 엄마가 보이는 위치에 스마트폰을 놓고 가는 거야. 괜히 책상 위에 두었다가는 오해 받기 십상이거든. 어때, 쉽지는 않겠지? 하지만 이렇게 해야 스마트폰으로 인한 잔소리를 덜 들을 수 있어.

이성 친구?
그게 뭐 어때서?

어릴 때만 해도 너희에게 장난스럽게 "이성 친구 있니?" 하고 묻던 어른들이 너희가 사춘기에 접어드니 확 달라지지 않든? 이성 친구가 있다고 하면, "어허~ 쪼그만 놈이 벌써부터. 이성 친구는 대학 가서나 사귀는 거야."라고 말하지. 어른들은 대체 무슨 마음인 걸까?

정말 툭 터놓고 얘기하자면, 그건 너희들이 사고(?)를 칠까 봐 그런 거야. 옛날에는 여자들이 보통 15~17세에 생리를 시작했어. 생리를 시작했다는 건 생물학적으로 임신이 가능하다는 얘기지. 성적 충동이 가장 높아지는 시기이기도 하고. 하지만 지금은 성장이 빨라져서 첫 생리를 하는 시기가 초등학교 고학년 정도로 아주 낮아졌고, 그에 따라 성적 욕구를 느끼는 나이도 더 어려졌어. 하지만 그 나이에는 한창 학교에 다녀야 하잖니. 부모님들이 걱정하는 게 바로 이거야. 아기를 낳고 가정을 꾸릴 준비는 아무것도 안 되어 있는데 성장이 너무 빨라져서 성적 욕구만 높아지다 보니 사고를 칠까 봐 걱정이 되는 거지.

청소년기에는 섹스에 대한 욕구가 커져. 옛날부터 인류는 2차 성징이 나타나는 시기에 결혼을 해서 인구를 늘려 왔거든. 지금 너희가 딱 조심해야 하는 시기인 거지. 네가 남자라면 허리 아랫부분과 관련된 행동을 특히 조심해야 해. 여자 친구를 정말 좋아한다면 지금은 육체적으로 아끼고 잘 보호해 줘야 하는 거야. 네가 여자라면 지금이 그 어느 때보다 임신이 잘 되는 시기라는 걸 잊지 말아야 해.

남자나 여자나 자기도 모르게 성적 욕구가 생길 수 있기 때문에 밀폐된 공간에 단둘이 있는 것은 피하는 게 좋아. 물론 그렇다고 이성 친구를 만나는 것 자체가 안 된다고 얘기하는 건 아니야. 단지 너희 안의 성적 욕구를 절대 우습게 봐선 안 된다는 거지. 이성 친구를 만나려면 패스트푸드점이나 공원처럼 확 트인 장소에서 만나고 어떤 상황에서도 부모님 전화는 꼭 받아.

원장님은 이성 친구 만나는 걸 반대하지 않아. 내가 하고 싶은 말은 이성 친구를 사귀어라 사귀지 마라 하는 게 아니야. 너희는 주변 사람들과 친근감을 형성해야 하는 나이잖아. 그게 잘 되어야 이다음에 사랑하는 사람을 만나서 결혼도 할 수 있고 사회생활도 잘할 수 있어. 동성 친구든 이성 친구든 우리는 그런 관계를 경험하면서 타인을 이해하고 자기 자신을 이해하게 되는 거거든. 나는 어떤 사람이고, 내가 이렇기 때문에 어떤 성격의 사람과 잘 어울리겠다 하는 것 말이지. 하지만 지금은 배우자를 고르는 시기가 아니잖아. 물론 지금의 이성 친구가 나중에 배우자가 될 수도 있겠지만 지금 가장 중요한 것은 너 자신을 이해하는 거야. 너 자신에 대한 이해 없이 당장 뭔가를 결정해 버리는 건 어리석은 일이야. 우리가 100년을 산다고 가정할 때, 너는 이제 고작 십 분의 일 조금 넘게 살았을 뿐이잖아. 그 짧은 경험으로 나머지 인생 전체를 만족시킬 수 있는 결정을 내린다는 건 무척 어려운 일이야. 섣부른 결정은 너나 상대에게 굉장히 미안하고 원망스러운 일이 될 수 있다는 거, 잊지 마.

Theme 4

아우~
그걸 지금 꼭 해야 하나?
그냥 좀
넘어가면 안 돼?

왜 그렇게 귀찮을까?

어른들이 너희에게
해도 해도 너무한다고 할 때

　부모님은 약속도 안 지키고 잘 참지도 못하면서 만날 너희들한테만 뭐라고 하지? 그래, 어른들도 정말 문제가 많지. 그래서 너희가 문제라며 찾아온 부모님들과 대화하다 보면 부모에 대한 치료를 먼저 해야겠다는 판단이 들 때가 많아. 어떤 부모님은 자기는 잘못한 게 없다고, 너희가 잘못한 거라고 화를 내기도 하고, 부모가 자식한테 그 정도도 못하느냐며 따지기도 하지. 이런 부모님은 본인들이 한 행동이 아이한테 어떤 부정적인 영향을 끼치는지 이해시키기까지 시간이 좀 걸려. 반면 어떤 부모님은 내가 말을 꺼내자마자 "아이 마음이 그런지 정말 몰랐어요." 하면서 참회의 눈물을 펑펑 흘리기도 하지.

그런데 이런 부모님들도 "원장님, 아무리 그래도 이건 너무하는 것 아니에요?"라면서 하소연할 때가 있어. 그땐 나도 부모님들에게 "그렇긴 하네요. 그건 제가 아이에게 다시 얘기해 볼게요."라고 꼬리를 내리게 돼. 그게 언제인 줄 알아? 바로 너희가 기본을 안 지켜줄 때야. 방을 완벽하게 정리할 필요는 없지만, 어느 정도 정리는 해야 하거든. 다른 공부는 못하더라도 숙제는 해 가야지. 제시간에 일어나고 늦지 않게 학교에 가야 해. 아무리 귀찮아도 그 정도는 해야 하는 거야. 너희 나이에 기본적으로 해야 할 일이 있다면, 아주 잘할 필요까지는 없어도 최소한은 하는 게 맞아. 아니, 그게 너희가 편해지는 방법이야. 귀찮다고 안 해버리면 부모님들에게 너희를 통제할 빌미를 주게 되는 거거든. 나는 너희 입장을 대변해 주려고 해도 할 말이 없어지고 말이야.

세상이 잘 돌아가려면 원칙과 기본이 지켜져야 해. 모든 사람이 그 기준을 지킨다는 전제하에 안심하고 살아가는 거니까. 내가 신호를 지키듯 남도 지킬 거라고 생각하니까 차를 몰고 돌아다닐 수 있는 것과 마찬가지지. 원칙과 기본을 준수한다는 것은 가장 기본적인 자기 관리라고도 할 수 있어. 어쩌다 한 번은 못할 수도 있어. 하지만 자꾸 안 하면 어떤 부모도 그냥 내버려 두지 않아. 그냥 내버려 두는 부모는 아이에게 아예 관심이 없는 부모니까. 부모의 잔소리는 '저걸 고쳐줘야 하는데…….' 하는 안타까운 마음에서 나오기 때문에 더 집요해지는 거거든. 귀찮다고, 그 순간에 하기 싫다고 기본을 안 지키면 바로 통제가 들어올 테고, 그때마다 통제가 들어오면 아마 너희는 숨이 막혀서 미칠 것 같을 거야. 악순환이 시작되는 거지.

사춘기는 독립된 성인이 되어가는 중간 단계야. 자기 주도성이나 자율성을 침범당하면 굉장한 반감이 생기고 튕겨 나가고 싶어지지. 극도의 두려움을 느끼기도 해. 그 두려움은 아주 다양한 감정을 불러일으키고, 그것 때문에 미쳐버릴 것 같은 기분이 들기도 하지. 막 뛰쳐나가고 싶기도 하고, 그래서 아무것도 하기 싫어지기도 해.

너에게 주어진, 네가 해야 하는 일들이 네가 보기에 너무 과하니? 부모가 정말 무리한 것을 요구하는 게 아니라면 가장 기본이 되는 것만 지키면 돼. 그것부터 해. 잘할 것까지는 없지만 기본을 지키지 않으면 문제가 생길 수 있거든. 엄청나게 비난을 받든가, 주변에서 강한 통제가 들어오게 되지. 누가 시켜서 억지로 하는 것보다는 네가 스스로 하는 편이 더 낫지 않을까?

너도
'귀차니즘'이 있니?

왜 이렇게 귀찮을까? 사람은 우울하면 만사가 귀찮고 지겨워져. 우울하다는 건 아무것도 하기 싫고 세상에 좋은 게 별로 없는 상태야. 귀찮다는 것은 우울함의 증상 중 하나이기도 하지.

귀차니즘은 뭐든 하기 싫어하는 것과는 달라. "난 이거 하기 싫어."라고 하는 것도 에너지가 있을 때 가능한 일이거든. 귀찮은 것은 에너지 자체가 없는 거야. 싫다는 것도 강한 의사 표현 중 하나인데 귀찮다는 건 그런 생각 자체를 하기 싫다는 거니까. 그래서 "귀찮아."의 다른 말은 "나는 저기엔 아예 내 에너지를 안 쓸래."야. 귀찮은 건 우울한 것과도 달라. 사람은 우울하면 모든 게 다 하기 싫은데, 귀차니즘에 빠진 사람은 자기가 흥미로워하는 것은 눈을 반짝거리며 하고 싶어 하거든. 힘없는 것처럼 방 안에 축 처져 뒹굴거리고 있을 때 엄마가 방 좀 치우라고 하면 "아우, 귀찮아." 하면서 나중에 하겠다고 미루지만 친구들이 피시방 가자고 하면 후다닥 튀어 나가는 거지.

귀차니즘에 빠지면, 중요한 것보다 하고 싶은 것을 먼저 하게 돼. 누군가 중요한 것을 먼저 하라고 강요하면 딱 귀찮아져. 한마디로 좋아하는 일만 하려고 한다는 거지. "이걸 언제 다 하지?" 하는 생각에 짓눌리기도 하지. 그러면 그 부담감에 다 귀찮아지는 거야. 게다가 나랑 상관없는 일엔 관심 갖는 것 자체가 싫어. 관심을 가지려면 에너지를 투입해야 하니까. 게으른 것과 귀찮은 건 좀 다르지만, 그렇게 자꾸 미루다 보면 게을러 보이게 되지.

귀차니즘이 있는 사람이 좋아하고 관심 있는 일과 그렇지 않은 일을 대하는 태도가 극명하게 다른 이유는 후자의 경우 뇌가 활성화되지 않고 주의력을 잘 배분하지 못하기 때문이야. 그러다 보면 중요한 것을 미루고, 하고 싶은 것을 먼저 하게 되지. 그래서 결국엔 중요한 일을 못하게 되거나 듣기 싫은 잔소리를 듣게 돼. 그런데 사람은 잔소리를 들으면 더 귀찮아지고 더 하기 싫어지는 법이거든. 게다가 미루고 미루다가 막상 하려고 하면 이미 지쳐버려서 결국은 잘 못해 낼 때가 많아.

귀차니스트가 가장 귀찮아하는 일이 뭔지 알아? 정리 정돈, 숙제, 양치질, 씻기 같은 것들이야. 반복해서 해야 하는 걸 많이들 귀찮아하지. 그리고 가장 좋아하는 일은? 뭐니뭐니 해도 '게임'이지. 어때, 너도 그렇니?

게임이 무서운
진짜 이유

　원장님은 너희들이 가장 좋아하는 그 게임이 정말 무서워. 공부는 안 하고 게임만 할까 봐? 아니, 그렇지 않아. 너희 인터넷 게임 오래 한다고 부모님한테 야단맞은 초등학교 6학년 학생이 아파트에서 뛰어내려 숨진 사건 알고 있니? 이 아이는 엄마한테 혼나자마자 맨발로 집을 뛰쳐나가 아파트에서 떨어져 버렸어. 짧은 기사여서 섣불리 판단할 수는 없지만, 분명한 건 게임이 가진 무시무시한 특성과 관련이 있다는 거야.

　게임이 무조건 나쁜 건 아니야. 가볍게 즐기고 적당한 선에서 그만둘 수 있다면 괜찮아. 문제는 중독이지. 그 아이는 게임에 중독되었을 가능성이 커. 무엇이든 중독 상태에 빠지면 뇌 구조가 똑같아진다는 거 알고 있니? 멈춤 기능이 마비되는 거야. 하고 싶은 것을 멈출 수가 없는 거지. 그걸 못하게 되면 미쳐버리는 거고. 영화에서 마약 중독자들이 가족까지 팔아버리는 장면을 종종 봤지? 그건 영화뿐만 아니라 현실에서도 벌어지는 일이야. 도박 중독자들은 온 재산을 탕진하고 가족을 잃은 것도 모자라 나중에는 자기 배 속의 장기까지 걸고 도박을 하거든. 뇌가 그렇게 작동하는 거야. 안 된다는 것을 알면서도 멈춰지질 않는 거지. 뇌 속에 '정지' 버튼이 고장나 버린 거야. 쇼핑 중독도 마찬가지야. 쇼핑 하느라 자기 일을 내팽개치는 것은 물론이고, 사채까지 얻어 써. 게임에 중독된 어른들은 또 어떻고. 게임 못하게 한다고 늙은 부모를 죽이고 어린 아기를 굶기기도 해. 정말 무섭지 않니?

혹시 너도 만사가 귀찮고 오로지 게임만 좋은 건 아니니? 그런데 잘 보면 너희들이 게임에 대해서 생각하는 것과 아빠들이 술에 대해 생각하는 모습이 얼마나 닮았는지 몰라. 아빠들은 자기가 술을 마시는 것에 대해서 무척 허용적이야. 너희들이 게임에 대해서 그런 것과 똑같지. 엄마들이 술 좀 그만 마시라고 하면 아빠들은 "남자가 말이야, 술 좀 마실 수도 있지. 술 안 마시고 사회생활을 어떻게 해?"라고 말해. 그러면서 "다른 집 남자들은 더하다고. 매일 마시는 사람도 있어. 그래도 나는 일주일에 이틀은 안 마시잖아." 한단 말이야. 그런데 잘 생각해 봐. 어디서 많이 듣던 대답 같지 않니? 너희들의 반응도 비슷하거든. 게임 많이 한다고 엄마가 뭐라고 하면 "요즘 게임 안 하고 어떻게 친구랑 사귀어? 다른 애들은 더해. 하루 종일 하는 애들도 있어. 그에 비하면 나는 적게 하는 편이잖아."라고 말하잖니.

아빠들한테 '알코올중독'이라고 하면 "내가 무슨 알코올중독?" 하면서 대뜸 화를 내. 아이들도 '게임 중독'이라고 하면 "이 정도가 무슨 중독이에요?" 하면서 굉장히 싫어하지. 학교도 안 가고 24시간 게임만 하고 있어야 게임 중독인 줄 알아. 아빠들도 하루 종일 술만 마시면서 눈 풀리고 손 달달 떨어야 알코올중독인 줄 알지. 하지만 중독자들은 겉보기에는 모두 멀쩡해. 매일 한두 잔씩 술을 마시고, 속상한 일이 생기면 술부터 생각나고, 취기가 오르면 멈추지 못하고 계속 마시는 것. 당사자들은 별것 아니라고 생각하는 이런 행동들이 모두 알코올중독을 알아보는 체크 항목에 들어 있어. 게임 중독도 마찬가지지. 게임 하고 있을 땐 엄마가 불러도 못 듣고, 오 분만 하고 끝내려고 했는데 어느새 한 시간이 훌쩍 가 있고, 엄마가 없는 날이면 하루 종일 게임만 하고 싶은 것 등도 모두 게임 중독을 알아보는 항목이야.

 게임이 취미 생활 중 하나일 수는 있어. 적당히 하기만 하면 나쁠 게 없지. 시험 끝나고 이삼 일쯤 평소보다 게임을 좀 더 하는 것 정도는 괜찮아. 그것도 못하게 한다면 당당히 요구해도 돼. 시험을 잘 봤든 못 봤든 너에게도 스트레스였을 테니 풀어 줘야지. 그러니까 며칠은 기분전환 좀 하면서 놀 수 있게 해달라고 해. 그런데 그렇게 말했을 때 부모님이 "허구헌 날 게임질이면서 시험 끝난 게 뭐 그렇게 대단한 일이라고?" 한다면 생각을 좀 해보자. 네 생각에도 네가 정말 게임을 많이 하는 것 같진 않니? 한번 진지하게 따져보는 건 어때?

 마음먹고 하루에 몇 시간이나 게임을 하는지 스스로 체크해 봐. 우선 네가 깨어 있는 시간 중에서 학교와 학원 가는 시간들을 빼. 그런 다음 남은 시간에서 웹 서핑한 것, 블로그 찾아다닌 것, 스마트폰 한 것을 빼면 게임을 한 시간이 나올 거야. 그렇게 일주일을 체크해 보면 하루에 게임을 어느 정도 하는지 나오겠지? 그렇다면 하루에 게임은 얼마나 하는 게 좋을까? 적정 시간이라는 건 개인마다 다르지만, 중고등학생은 자기 할 일을 다 하려면 게임 하는 시간이 하루 한 시간을 넘으면 안 돼. 두 시간 넘게 게임을 하고 있다면 네 나이에 해야 할 일을 못하고 있을 가능성이 크다는 거야.

두 시간 넘게 게임을 하고도 할 일 다 할 수 있다고 호언장담하는 친구들이 꼭 있지. 그런데 그런 친구들은 숙제나 공부처럼 안 하면 야단맞는 것들만 하고, 다른 건 아무것도 안 하고 있을 가능성이 커. 너희가 해야 할 일은 공부만이 아니잖니? 뉴스도 들어야 하고, 부모님과 대화도 해야 하고, 운동도 해야 하고, 책도 읽어야 해. 가끔은 아무것도 안 하고 멍하니 쉬어주기도 해야지. 안 하면 야단맞는 것들만 하고 나머지 시간을 몽땅 게임하는 데 써버린다면 몸과 마음이 건강하게 자라나기 어렵다는 거야.

네가 생각하기에도 게임을 하는 시간이 많다 싶으면 줄여야 해. 하지만 순식간에 하루 네 시간 하던 것을 한 시간으로 줄이기는 힘들어. 어느 정도 시간을 두고 삼십 분씩 서서히 줄여 가는 게 좋아. 그리고 그때는 스스로 시간을 체크해 가면서 해야 해. 엄마가 컴퓨터를 꺼버리거나 잔소리를 해대서 억지로 그만두는 것은 기분도 나쁘지만 효과도 없어. 네 힘으로 시간을 줄여 나가야 진정으로 네 자신을 통제했다고 할 수 있는 거지. 하지만 마음은 분명 삼십 분만 하려고 했는데 정신을 차려보니 어느새 두 시간이 훌쩍 지나 있어서 당황스러울 때도 있을 거야.

　원장님이 한 가지 팁을 줄까? 게임을 할 때는 의자에 앉아서 하지 말고 서서 해. 서서 하면 다리가 아파서 시간 가는 줄 모르고 게임 하는 것을 막을 수 있어. 게임 시간을 줄이기로 했다면 피시방에는 아예 안 가는 게 좋겠지? 가서 한 시간만 하고 나오는 건 불가능하거든. 그래도 피시방을 갈 수밖에 없거든 피시방 주인 아저씨에게 "저 오늘 천 원어치만 할 거니까, 천 원 다 떨어지면 제 컴퓨터 꺼주세요."라고 부탁해. 차라리 그렇게 하는 게 나아.

너희가 집단으로
귀차니즘에 빠진 이유

　너희들 대부분이 "귀찮아!"라는 말을 입에 달고 살잖아. 옛날 아이들보다 너희들의 귀차니즘이 심한 데는 몇 가지 이유가 있어. 첫째, 복잡하고 지능이 높아야 할 수 있는 일들이 점점 낮은 연령으로 내려오고 있어. 어린 나이에 해야 하는 일들이 너무 어렵고 많은 나머지, 다른 일에는 신경을 쓰기 싫고 귀찮아지는 거지. 요즘은 대학교 때 배울 것을 고등학생이 배우고, 고등학교 때 배울 것을 중학생이 배우니까. 중학교 때 배울 것은 초등학생들이 미리 배우고 있고 말이야. 배워야 하는 것뿐만 아니라 혼자 알아서 처리해야 하는 일들도 늘어났어. 마음과 신체의 발달 속도보다 더 높은 단계의 지식을 배우고, 제 나이에 할 수 있는 일들보다 더 많은 일들을 해야 하지. 발달이 아주 빠른 편이라 뭐든 빨리빨리 받아들이는 친구들 몇몇을 제외하고는 다들 따라가는 것조차 버거울 거야. 더디 배우는 아이라면 훨씬 더 그렇겠지.

원장님이 중학생이던 시절에는 놀 시간이 참 많았거든. 물론 공부를 잘하기 위해 수업도 열심히 듣고, 예습·복습도 하고, 시험 때는 밤을 새서 공부도 했지. 하지만 일요일이면 친구들이랑 영화도 보러 가고 공원으로 놀러도 다녔어. 그런데 요즘은 하루도 빼먹지 않고 계속 공부를 해야만 따라갈 수 있는 것 같더라. 그러니까 힘들지. 나라도 만사 귀찮아지고 꼭 해야 하는 일 말고는 에너지를 쓰고 싶지 않을 것 같아.

두 번째는 주의력의 문제야. 너는 집중이 잘 되는 편이니? 책상에 앉으면 딴생각 하나도 안 하고 집중할 수 있어? 솔직히 요즘에는 어른들도 주의력이 떨어지는 경우가 굉장히 많아. 원인은 여러 가지지만, 공통점은 주의력이 떨어지면 해야 하는 일에 에너지를 투입하기가 어렵다는 거야. 이런 상황에 하고 싶은 일은 못하게 하고 해야 하는 일만 강요하니 괴롭지 않겠어? 어떤 점에서 그 일이 중요하고, 왜 그걸 해야 하는지 설명이라도 명

확하게 해준다면 집중하려고 노력해 볼 텐데, 무조건 하라고만 하니 귀찮아 죽을 지경이겠지.

 세 번째 이유는 몸을 안 움직여서 그래. 몸은 안 움직일수록 더 움직이기 싫어져. 그 이유가 뭔 줄 아니? 몸을 안 움직이면 뇌가 잘 깨어나지 않기 때문이야. 뭔가 하려고 해도 뇌가 빨리 깨지 않으니 자꾸만 귀찮아지는 거지. 부팅이 느린 컴퓨터 보면 알잖아. 몸을 많이 안 움직이면 너희 뇌가 그렇게 되는 거야.
 옛날에는 몸을 움직이지 않으려야 안 움직일 수가 없었어. 지금처럼 사회가 발달하고 편의 시설이 많지 않았거든. 차도 많지 않아서 대부분 걸어 다녔고, 치킨이나 햄버거가 먹고 싶어도 직접 사러 나가야 했지. 그런데 지금은 뭐든 너무 편해지고 빨라져서 몸을 예전의 절반만큼도 움직이지 않아. 게다가 학교에서조차 운동 시간이 줄어들었고, 너희들이 즐겨 하는 놀이도 대부분 앉아서 하는 것뿐이잖니.

 만약 네 능력에 비해 해야 할 일이 너무 많다면 줄여 달라고 해야 해. 어른들은 꼭 해야 한다고 강조하는 일인데 정말 귀찮게 여겨진다면 한번 물어봐. 그걸 왜 해야 하는지, 어떤 점에서 너에게 그게 중요한지 말이야. 귀찮게 잔소리한다고 괴로워하지만 말고, 주위의 믿을 만한 어른에게 진지하게 물어보라는 거야. 마지막으로 의식적으로라도 운동을 많이 해야 해. 별거 아닌 것 같지만 아침에 일어나서 스트레칭을 오 분이라도 하면 귀차니즘이 많이 사라질 거야. 걷기나 달리기, 태권도, 유도, 수영, 축구, 등산 등 운동이 될 만한 걸 일주일에 세 번만 해봐. 머리도 몸도 한결 가벼워지는 걸 느낄 수 있을 거야.

귀찮다고 안 하면
상황이 악화되는 경우가 많아

　원인이 뭐든 지금 네게 귀차니즘이 있다면 극복하는 게 좋아. 귀차니즘은 나이를 먹는다고 저절로 없어지는 게 아니거든. 내버려 두면 인생 자체가 꼬일 수도 있어. 믿기지 않겠지만 귀차니즘이 있는 어른은 어떤 줄 아니? 출근을 해야 하는데 늦잠을 잤어. 그러면 보통은 벌떡 일어나서 조금이라도 덜 늦으려고 뛰어 나가잖아. 그런데 귀차니즘이 있는 어른은 빨리 움직일 생각을 하니까 너무 귀찮아져서 '에라, 모르겠다.' 하고 다시 벌러덩 누워버려. 그때라도 일어나면 오 분 정도밖에 지각하지 않을 시간인데 결근을 택하는 거지. 그래서 "회사가 싫어요?" 하고 물으면 그건 아닌데 빨리 서둘러야 하는 것도 귀찮고, 왜 늦었느

나는 추궁에 변명하는 것도 귀찮아서 안 가버리는 거래. 좀 답답하고 한심하게 느껴지지?

 말도 마찬가지야. 귀찮아서 짧게 해버리면 오해가 생길 수 있어. 상대방과 소통을 할 때는 내가 하는 말을 상대가 잘 알아들을 수 있게 최선을 다해야 해. 상대가 말하는 주제에 관심이 없더라도 최선을 다해 응해 줘야 하지. 사회에서 사람들과 원활하게 소통하려면 그건 기본이야.

 문제 푸는 것도 귀찮지? 비슷한 문제를 수십 번씩 풀어야 하는 것도 귀찮고, 어려운 문제를 머리 써가면서 풀어야 하는 건 더 귀찮을 거야. 그래서 손으로 안 풀고 눈으로 대충 풀곤 하지. 그런데 귀찮아서 문제 푸는 연습을 안 하면 아는 것도 자꾸 틀리게 돼. 개념을 알고 있어도 연습을 하지 않으면 내 것이 되지 않거든. 안다고 괜찮을 거라는 생각은 금물이야. 아는 것과 완전히 내 것이 되는 건 다른 문제거든.

 귀찮아서 문제를 잘 안 푸는 애들 중에는 의외로 머리가 좋은 애들이 많아. 이 아이들은 머리는 좋은데 성적이 나쁘지. 어려운 개념은 남들보다 먼저 이해하지만, 그게 응용된 문제를 빠른 시간 안에 푸는 연습은 안 하거든. 한 번도 싫은데 같은 문제를 여러 번 풀라고 하면 짜증을 내며 "아우, 귀찮아." 하지. 그러면 아이는 알면서도 계속 틀릴 테고, 성적은 형편없어지는 거야.

다른 예를 하나 들어볼까? 의사들이 환자를 수술하거나 상처를 치료할 때 의료용 실과 바늘로 상처를 꿰매잖아. 네가 몸을 다쳐서 병원에 갔다고 하자. 의사 A는 이론은 완벽하게 알고 있지만 연습은 몇 번 안 해본 사람이야. 반면 의사 B는 꿰매는 연습을 수도 없이 해서 눈을 감고도 찢어진 부위를 봉합해 낼 수 있는 사람이지. 너는 누구에게 치료를 받고 싶니? 대답은 말 안 해도 알 거야. 그래서 의과대학의 인턴이나 레지던트들이 주머니에 의료용 실을 가지고 다니면서 수도 없이 꿰매는 연습을 하는 거야. 의식하지 않아도 손이 알아서 움직일 때까지 연습하는 거지. 귀찮더라도 말이야.

귀차니즘을 극복한다는 것은 네가 좀 더 숙달되고 어떤 기능에 숙련되어 가는 과정이야. 내 안에 있는 귀차니즘을 깨야 궁극적으로 인생이 덜 귀찮아져.

귀차니즘의 화살이
너에게 돌아올 수도 있어

　우연히 한 아이가 여러 아이들한테 맞고 있는 모습을 봤어. 순간 맞는 아이의 얼굴이 보였지. 너희 반 아이였어. 때리는 아이들의 얼굴도 슬쩍 보니 걔네들도 너희 반이고. '뭐야, 쟤네들 서로 친한 거 아니었나?' 하는 생각이 들었어. 어깨동무까지 하면서 늘 뭉쳐 다니던 아이들이었거든. 그래서 별일 아니겠지 하고 그냥 지나쳐 갔어.

　다음 날 종례 시간에 담임 선생님이 "우리 반에서 집단 괴롭힘이나 폭행 당하는 사람 본 적 있나?" 하고 물었어. 너는 그 순간 어제 맞고 있던 애를 찾아보았지. 보이지 않았어. '아, 결석했구나. 어제 그 일 때문인가?' 교실을 다시 둘러보니 때린 아이들은 네 명 전원 출석. 담임 선생님은 "혹시 할 말이 있는 사람은 조용히 교무실로 찾아오길 바란다."라는 말을 남기고 나갔어. '무슨 일이 생겼나 본데? 쟤네들 내가 간 다음에도 계속 때렸나? 가서 말해야 하는 게 아닐까?' 너는 고민했지. '가서 말하면 진술서 같은 거 쓰라고 하는 거 아니야? 경찰서에 가게 될 수도 있잖아? 법정에 증인으로 나서라고 하면 어쩌지? 괜히 입 열었다가 보복당하는 거 아니야?' 별의별 생각이 다 들었어. 그러다 이내 고개를 저었어. '내일모레면 중간고사 시작이고, 한 시간 후에는 수학 학원에 가야 해. 학원 숙제도 다 못했잖아. 학원 선생님이 오늘 숙제 안 해오면 엄마한테 바로 전화한다고 협박까지 했는데……. 에이, 몰라. 알아서들 하겠지. 나 말고 본 사람이 또 있을 수도 있잖아.' 하고 얼른 문제집을 펼쳤어. 괜히 복잡한 일에 끼게 되면 귀찮은 일만 잔뜩 생길 거고, 학원 숙제 못했다고 엄마한테 혼나기만 할 테니까.

네가 이런 상황이라면 어떻게 할 것 같아? 선뜻 대답하기 힘들지? 학교에서 입장이 난처해지는 일이 생기면 정말 곤란할 거야. 그렇지만 부당하게 괴롭힘을 당하는 친구에게는 관심을 가져줘야 해. 어려운 일에 연루되기 싫다면 선생님에게 네 속사정을 솔직하게 얘기하면 돼. "선생님, 저는 정말 이 일에 끼어들기 싫거든요. 하지만 공식적인 게 아니라면 그 애랑 관련해서 드릴 말씀이 있어요."라고 말이지. 같은 반 친구를 위해서 그 정도는 해줄 수 있어야 해. 그게 인간의 도리야.

귀찮아서 무심하게 사는 사람이 많아질수록 사회는 불안해져. 그리고 그 불안의 화살은 너에게로 돌아올 수도 있어. 요즘 '묻지 마' 범죄도 많잖아. 만약 네가 길을 가다 이유 없이 모르는 사람에게 맞았다고 하자. 그런 상황에서 사람들이 등 돌리고 그냥 가버린다고 생각해 봐. 네가 뺑소니 차에 치여 피를 흘리면서 도로에 쓰러져 있는데, 지나가는 사람 누구 하나 신고해 주지 않는다고 상상해 보는 거야. 끔찍하지 않니? 지금 당장 너와 관련이 없는 것 같다고 해서 팔짱만 끼고 있으면 안 돼. '인간의 도리'는 다 같이 지키려고 노력해야 하는 거야. 그렇게 하는 게 다른 사람뿐 아니라 나 자신을 지켜주는 울타리가 되기 때문이지. 그래서 모르는 할머니가 길에 쓰러져 계시면 달려가 도와드려야 하는 거야.

사회적 관계에서 의미가 있다면 아무리 귀찮은 일이라도 해야 해. 재미가 없어도 다른 사람과의 관계를 위해 애를 쓸 줄도 알아야 한다는 거지. 월드컵 시즌이어서 사람들이 축구 경기에 열

광하고 너도나도 축구 얘기를 한다면 네가 축구를 좋아하지 않더라도 관심을 가지려고 노력해야 해. 친구들이 다 같이 영화를 보러 가자고 하면, 귀찮더라도 같이 가줄 필요가 있어. 가족 관계에서도 마찬가지야. 엄마가 밥 차렸다고 빨리 나와서 밥 먹으라고 해. 그런데 방에서 나가기도, 먹기도 귀찮아. 하지만 이런 경우에도 엄마와의 관계를 생각해서 벌떡 일어나 나가야 해. '내가 지금 안 먹으면 엄마가 다시 차려야 하잖아. 그러니까 그냥 지금 먹자.'라고 생각하면서 말이야.

너도 귀차니즘에서 벗어나고 싶니?

귀차니즘에서 벗어나는 가장 좋은 방법은 생각을 비우고 무조건 몸을 움직이는 거야. 일단 한번 귀차니즘에 빠지면 생각 회로가 '귀찮다' 쪽으로만 돌아가거든. 무조건 박차고 일어나야 해. '숙제 언제 다 하지?'라고 생각하면서 아무것도 안 하고 누워 있었다면, 일단 벌떡 일어나. 화장실에 가서 손을 닦고 오든 세수를 하고 와. 윗몸 일으키기나 간단한 스트레칭을 하는 것도 좋아.

부지런해지라는 말이 아니야. 귀찮다는 것은 뇌가 잘 활성화되지 않는다는 거니까 우선 뇌부터 흔들어 깨우자는 거지. 그리고 뇌를 활성화시키는 가장 쉬운 방법은 바로 몸을 움직이는 거야. 뇌가 빨리 부팅되도록 몸부터 깨워야 해. 장소를 바꾸는 것도 좋은 방법이야. 방에 있었다면 거실로 나와. 자세도 바꿔봐. 누워 있었다면 벌떡 일어나 보는 거지. 의자에 앉아 있었다면 방바닥에 양반 다리로 앉아보고. 어때, 어렵지 않지?

 귀차니즘이 있으면 혼자 알아서 공부하는 게 쉽지 않을 거야. 귀차니즘은 장기적으로 극복해야 하는 프로젝트라 생각하고, 지금은 그냥 학원에 다니는 것도 방법이 될 수 있어. 원장님은 귀차니즘이 있는 애들 중에서 재수할 때 스스로 알아서 공부하겠다고 고집부렸다가 실패하는 사람 여럿 봤거든. 네가 먼저 부모님에게 이런저런 학원에 다니겠다고 얘기해. 너무 많이 다닐 필요는 없어. 버거우면 또 귀찮아지거든. 그리고 스케줄을 짤 때는 쉬는 시간 없이 몰아서 넣는 게 좋아. 중간에 쉬어버리면 다시 시작하기가 어렵거든. 차라리 할 일을 다 마무리하고 집에 와서 맘껏 늘어지는 게 나아. 아침에 일어나는 게 너무 귀찮고 힘들다면 엄마의 도움을 받아보는 것도 좋아. 깨울 때 얼굴에 찬물을 뿌려달라고 해. 알람 시계보다 훨씬 효과가 좋을 거야. 대신 너도 모르게 엄마를 발로 찰 수 있으니 분무기로 물을 뿌린 다음 잽싸게 나가라고 말해 두는 거, 잊지 말고!

Theme 5

심심해.
아, 지루해… 지겨워…
재미없어. 재미없어. 재미없어. 다 재미없어!
도대체 왜 사는 걸까?

너는 사는 게 재밌어야 한다고 생각하니?

사람은
왜 살까?

 김창완 아저씨 아니? 원장님은 가수 김창완이 익숙한데, 요새는 드라마나 영화에 많이 출연해서 너희들은 탤런트로 알고 있더라. 얼마 전 우연히 그 아저씨가 TV 프로그램에 나와서 하는 이야기를 들었는데, 중학교 2학년 때인가 학교 수업을 마치고 집에 오는데 갑자기 '왜 살까?' 하는 궁금증이 일더라는 거야. 그래서 지나가는 사람들에게 묻기 시작했대. "아줌마, 왜 사세요?" "아저씨, 왜 사세요?" "형, 왜 살아요?" 누군가 한 사람쯤은 제대로 된 답을 가지고 있겠지 싶어서 묻고 또 물었대. 그런데 하나같이 비슷한 대답을 하더라는 거야. "너도 커보면 알아! 공부나 해."

너도 그런 생각해 본 적 있니? 나는 왜 살까? 인간은 왜 사는 걸까?

'나는 왜?'라는 질문이 자꾸 생기고 말대꾸하고 싶은 욕구가 솟구친다면, 너는 청소년기를 아주 잘 보내고 있는 거야. 청소년기는 나를 바라보는 시각, 타인을 바라보는 시각, 타인과 나의 관계를 보는 시각, 세상의 문제를 판단하는 능력, 문제를 해결하는 일관된 원칙들을 만들어 나가는 시기거든. 우리는 이것을 '정체성'이라고 부르지. 그리고 오랜 기간 일관되게 유지되는 '고유한 실체로서의 나'에 대한 경험을 '정체감'이라고 해. 정체감은 주관적인 느낌인데, 이것은 내가 세상 안에서 다른 사람들과 함께 한 개인으로 존재한다는 인식에서 시작돼. 때문에 자꾸 '왜'라는 의문이 들면서 세상이 궁금해지고 상대가 궁금해지고 내가 궁금해지는 거야.

한동안은 안개 속을 걷고 있는 것처럼 나도 모르겠고, 상대도 모르겠고, 세상도 잘 모르겠다는 생각이 들 거야. 일종의 정체성의 혼란을 경험하는 거지. 하지만 세상과 치열하게 부딪치고 경험하고 사고하고 배우면서 알게 돼. 다른 사람과 다른 나만의 소망, 나만의 생각, 나만의 기억, 나만의 가치, 나만의 매력, 나만의 모습 등을 말이야. 그리고 그것을 편안하게 인정하게 되면 나도 남도 편안하게 받아들이게 돼. 이런 과정을 거쳐 비로소 정체성이 안정되어 가는 거야.

그리고 너는 지금 원체 그런 시기 속에 있어. 한창 머리가 깨질 듯한 혼란을 겪다가 조금씩 답을 깨달아가면서 정체성이 안정되어 가는 시기 말이야. 상상해 봐. 한 치 앞도 보이지 않는 짙은 안개 속에 네가 서 있어. 네 모습도, 상대의 모습도 보이지 않아. 네가 어느 방향으로 가고 있는지도 알 수 없는 상황이야. 하지만 그 와중에도 뭔가는 계속 해야 하고, 해야 하는 그 무엇이 알고 보면 네가 원하는 것도 아니야. 그러니 어떻게 묻지 않을 수 있겠어? 내가 어디로 가고 있는지, 왜 가고 있는지, 너는 누구고 또 나는 누구인지……..

네가 재미있어 하는 일, 좋아하는 일은 뭐니?

"재미있는 게 아무것도 없어요." 진료실에 들어오면 너희들이 하나같이 하는 말이야. 하지만 너희가 모르고 있을 뿐 누구에게나 자신이 재미있어 하는 것은 반드시 있게 마련이야. 생각을 안 해봐서, 아직 못 찾아서 그럴 뿐이지. 잘하는 것을 물어보면 재미있는 것을 물어볼 때보다 더 침울해져. "하나도 없어요." 하고. 하지만 원장님이 단언컨대 그건 너희가 잘못 생각하고 있는 거야. 잘하는 게 없는 사람은 없어. 스스로 잘한다고 못 느낄 뿐이지. 아님 잘하는 걸 발견하지 못했거나. 진지하게 고민을 해봐야 알게 돼. 곰곰이 생각해 보면 인사를 공손히 하는 것도, 잘 웃는 것도 잘하는 일에 속해. 남의 말을 잘 들어주는 것도 마찬가지고. 엄마한테 전화를 잘하는 것도 사실 쉬워 보이지만 막상 해보면 잘하긴 어려운 일이지. 조금만 생각해 보면 아마 너희가 잘하는 일이 엄청 많다는 걸 깨닫게 될 거야. 그런데도 없어 보인다면 혹시 어마어마하고 대단한 것만 생각하고 있는 건 아닐까?

사람마다 좋아하고 재미있어 하는 일은 달라. 내가 좋아하는 일, 재미있어 하는 일을 아는 게 바로 나를 알아가는 일이야. 너는 어떨 때 재미있었니? 너는 뭘 할 때 즐거웠니? 네가 재미있어 하는 일, 좋아하는 일을 모두 적어봐. 그런 다음 공통점을 찾아보는 거야.

예를 들어 노래방 갈 때 신이 나고, 스마트폰 할 때 즐겁다고 해보자. 그럼 노래방 갈 때 신이 나는 것이 '노래' 때문인지, '아이들과 함께' 가기 때문인지 다시 잘 생각해 봐야 해. 스마트폰을 할 때 즐겁다면 스마트폰으로 주로 어떤 작업을 할 때 즐거운지 한번 따져보는 거지. 혹시 대화할 때 즐겁니? 그렇다면 스마트폰이 좋은 것은 '사람'과 관련이 있는 거야. 네가 신 나고 즐거워하는 노래방과 스마트폰의 공통점은 바로 '사람'인 거지. 너는 다른 사람하고 무언가를 함께하는 것, 주고받는 걸 좋아하는 거야. 그렇다면 나중에 사람 만나는 일을 하는 게 너에게 맞을 수 있어. 혹시 피시방 가는 것을 좋아하니? 스마트폰을 할 때도 대화보다는 게임 하는 것이 더 재밌어? 그렇다면 너는 혼자 하는 작업을 즐긴다고 볼 수 있어.

다른 사람과 경쟁하는 것이 좋은 건지, 몸을 움직일 때 즐거운지, 무언가를 보고 생각하는 것을 재미있어 하는 건지 스스로 알아내야 해. 너의 일상생활을 가만히 관찰하면서 네가 어떤 사람인지 파악해 봐.

사람과 같이 있는 것을 좋아한다면 영업 같은 일이 너에게 잘 맞을 거야. 그게 너의 강점인 거지. 그런데 그 일을 하려면 '참을성'이 있어야 해. 영업을 할 때는 고객을 굉장히 오래 기다려야 할 때가 많거든. 그러니까 그런 너의 장점을 살리고 싶다면 지금 생활에서 참을성 기르는 연습을 미리 해두는 것이 좋아. 반면 혼자 하는 작업을 좋아한다면, 개발이나 연구 분야의 일이 잘 맞을 가능성이 커. 그런데 그런 일은 대부분 자신의 결정에 대해 혼자 책임을 져야 해. 어떤 일을 처음부터 끝까지 혼자 계획하고 수행하고 책임질 수 있어야 하는 거지.

재미있어 하고 좋아하는 것 못지않게 싫어하는 것, 지루해하는 것, 재미없어 하는 것이 무엇인지도 생각해 볼 필요가 있어. 그중 개선해야 할 것은 개선해야겠지. 거기에는 네 자신의 문제점도 있을 테니까.

그런데 원장님은 네가 이다음에 하고 싶은 일을 생각할 때, 꼭 염두에 두었으면 하는 게 있어. '꿈이 곧 직업은 아니라는 사실'이야. 꿈을 직업이라고 여기면 너무 일찍 한계에 부딪히게 돼. 그 직업을 가지려면 전교 1등만 해야 하니, 안 되겠다고 일찌감치 포기해 버리는 거지. 또 어떤 직업은 정말 하고 싶은 일이긴 한데, 돈을 잘 못 벌어. 부모님도 옆에서 "너 그거로는 제대로 먹고살지도 못해."라며 겁을 주고. 그렇게 생각하면 사실 꿀 꿈이 없어. 그런데 꿈은 그런 게 아니야. 꿈이라는 것은 내가 보람 있고 가치 있다고 느끼는 일, 그 일이 속한 영역 정도까지만 생각해 두면 되는 거야. 특정 직업을 정해 두어야 하는 게 아니라는 거지. 네가 누군가를 가르칠 때 보람을 느낀다면, 그런 쪽에 종사하면 돼. 누군가를 끌어주고 지도하는 일은 굉장히 많으니까. 네가 만약 레고를 조립해서 완성품을 만들었을 때 굉장히 뿌듯함을 느낀다면, 그런 일이 네가 보람 있고 가치 있다고 느끼는 일인 거야. 그렇다고 네 꿈을 '레고 디자이너'라고 정해 버릴 필요는 없다는 거지. 꿈은 나의 특징, 내가 좋아하는 걸 파악한 후 큰 테두리만 정하면 돼. 구체적인 직업명을 정해 놓고 이루지 못할 것 같다고 좌절할 필요는 없어.

'생각하는 것' 싫지?
하지만 그래도 해야 돼!

사춘기에는 생각을 많이 해야 해. 나에 대해, 너에 대해, 내 주변에 대해……. 그렇지 않으면 혼돈 속으로 쉽게 빠져들 수 있거든. 가뜩이나 안개 속에 들어간 듯 미래가 안 보여서 답답한데 생각까지 안 해버리면 정말 몸도 마음도 갈피를 잃게 되는 거야. 이 책을 읽고 난 뒤부터는 네가 마음먹고 생각을 좀 해봤으면 좋겠어. "나는 왜 그럴까?" 하고 말이야. 너의 행동 하나하나에는 모두 그럴 만한 이유가 있고 너 자신을 이해하게 해주는 열쇠가 들어 있거든.

어른들이 너희한테 반항한다고 뭐라고 하지? 너희는 왜 반항

적일까? 솔직히 너희 나이에는 멀쩡하고 괜찮은 부모에게도 반감을 갖게 마련이야. 기존 체제에 반발한다든가, 현 체제가 옳고 그른지 논쟁하려고 드는 것이 사춘기의 특성이거든. 그리고 사실 이런 특성은 인류의 역사가 발전해 나가는 데 없어서는 안 될 것들이기도 해. 기존의 것에 지나치게 순응하고 안주하면 발전이 없으니까. 너희가 품는 의문과 반감이 더 나은 세상을 만들어가는 원동력이 되기도 하고, 너희들의 생각이 사회가 발전해 나가는 데 다양한 시각을 제시해 주기도 하지. 두발 자율화만 해도 그래. 예전에는 머리 때문에 학교를 그만두는 아이들이 한 해에 한두 명은 꼭 있었어. 지금 자율화가 된 것은 그 당시의 학생들이 어른이 되어서 자신이 가졌던 불만을 잘 해결해 나갔기 때문이야. 아마도 그때의 그 아이들이 '왜 나는 지금 이 상황이 기분 나쁜 걸까? 머리 길이 2cm 길고 짧은 것이 한 개인의 본질을 좌우하는 건 아닌데, 왜 이렇게 나를 불량 학생 취급하는 거지? 집단에 기준이 있어야 한다는 건 인정하지만, 그래도 내가 어른이 되면 이건 좀 바꿔봐야겠다.' 하고 문제를 제기하고 체제에 의문을 품었던 게 이런 변화를 가능하게 했던 거지.

그러니까 중요한 건 화가 나는 상황이든 답답한 상황이든 너무 재미가 없어 지루한 상황이든 '왜'를 생각해 보는 거야.

생각을 안 하고 산 지 너무 오래되어서 생각하는 게 어렵다고? 그럼 오늘부터 당장 생각하는 연습을 시작해 보자. '독도 문제를 어떻게 할 것인가? 우리 교육계는 무엇이 문제인가?'처럼 처음부터 너무 거창한 생각을 할 필요는 없어. 그래 봐야 생각하기 더 싫어질 뿐이야. 변기에 앉아서 화장실 천장을 보며 '오늘 뭘 해야 하지?' 이런 생각으로 시작해도 괜찮아. 양치질할 때 세면대 거울을 보면서 해도 좋아. 그게 익숙해지면 그다음부터는 아침, 점심, 저녁, 자기 전 하루 네 번 해보는 거야. 밥 먹고 양치하거나 손을 씻거나 소변을 볼 때 해도 좋고. 아침에는 '오전 중에는 뭘 해야 하지? 제일 중요한 게 뭐였지?' 이것만 생각해. 점심에는 '저녁까지 잊어버리면 안 되는 게 뭐가 있을까? 꼭 해야 하는 건 뭐가 있지?' 저녁에는 '하루를 마무리하면서 뭘 해야 하지?' 자기 직전에는 '내일 꼭 챙겨야 하는 건 뭐가 있지?' 이렇게 한 번에 오 분 정도씩만 생각에 시간과 노력을 투자해 봐. 그러다 보면 조금씩 익숙해질 거야.

꼭 공부가 아니어도 돼.
열심히 하기만 해

 네가 공부는 좀 못해도 학교 잘 다니고, 친구들이랑 잘 지내고, 뭐든 한두 분야에 열정만 가지고 있다면, 원장님은 걱정하지 않아. 그렇다면 괜찮아. 모든 것에 다 열의를 가질 필요는 없으니까. 단, 네가 시간 때우기용으로 피시방만 다니고 스마트폰만 열심히 하는 것은 제외야. 열정을 갖는 게 좋다는 건 그게 뭔가 자기 발전이나 사회적으로 의미가 있는 일일 때 할 수 있는 말이거든.
 방송 댄스를 엄청 좋아하는 애가 있었어. 댄스 학원도 열심히 다니고 집에서 연습도 열심히 하지. 그렇다면 공부 좀 못하는 건 아무 상관 없어. 그 애가 그 일로 꼭 성공하지 못한다 해도 마찬가지야. 그때의 경험 덕분에 이 아이는 인생의 여러 단계를 열정을 가지고 살아갈 수 있는 힘을 얻었기 때문이지.

그런데 네가 도살장에 끌려가는 소처럼 무기력하게 살고 있다면 그건 좀 문제야. 물에 물 탄 듯, 술에 술 탄 듯 뭐든 혼나지 않을 만큼만 하고 있다면 곤란하다는 얘기지. 물론 그렇게 살면 부모님이나 선생님에게 야단맞을 일은 없을 거야. 하지만 네 인생의 목표가 어른들의 야단을 피해 가는 건 아니잖니? 딱 어른들이 내준 숙제만 하고 끝! 그 이상은 아무것도 하지 않는다면, 이건 스스로 성장하기 위해서 무언가를 해야겠다는 의지가 없는 거야. 결국 네 인생의 주도권을 남이 가지고 있다는 거지.

만약 네가 열심히 하고 있는 일이 없다면, 지금이라도 늦지 않았어. 네가 열정을 기울일 수 있는 일을 한 가지라도 찾아봐. 꼭 성적을 올리는 것과 관련이 없어도 돼. 만약 영화를 좋아한다면 한 감독의 영화를 시대별로 묶어서 연구해 봐도 좋아. 그렇게 하다 보면 거기서 뭔가 흥미를 발견하게 될 거야. 네가 흥미를 느끼는 게 그 영화감독의 정신세계일 수도 있고, 영화 기법일 수도 있고, 시대상에 관한 것일 수도 있겠지. 지금 네가 있는 자리에서 한 발 더 내딛고자 하는 열정을 가져야 해. 청소년기에 경험하는 열정은 인생을 살아가는 데 너무나 소중한 자양분이 되기 때문이야.

 원장님이 잘 아는 개그맨 아저씨가 옛날에 이런 얘기를 했어. 그 아저씨는 머리가 무지 좋긴 한데 공부는 잘 못했대. 대신 딴 걸 열심히 했지. 바로 교실 맨 뒤에 앉아서 매일 애들을 하나하나 열심히 관찰하는 거였어. '쟤는 왜 오자마자 저런 행동을 할까? 쟤는 왜 학교에만 오면 잘까?' 하는 생각들 말이야. 그렇게 사람을 열심히 연구한 덕에 지금은 잘나가는 토크쇼 진행자가 되었지. 운동을 열심히 하든, 음악을 열심히 듣든, 만화 캐릭터를 그리든, 악기에 심취하든, 책을 정신없이 읽든, 뭐든 열심히 해봐. 청소년기의 열정은 공부를 잘하는 것보다 훨씬 중요하거든. 열정을 쏟는 일을 찾아서 노력하고 있다면 공부는 조금 못해도 괜찮아.

반드시 뭔가 대단한 사람이
되어야 하는 것은 아니야

　물론 에디슨이나 아인슈타인, 이순신 장군이나 세종대왕처럼 인류 역사에 크게 기여했던 인물들도 있어. 그분들이 없었다면 지금 세상이 어땠을지 생각만 해도 암담하지. 그런데 5천만 년 역사에서 한둘 나올까 말까 한 인물과 너를 비교할 필요는 없어. 우리는 그냥 평범한 사람들이거든. 모든 사람이 다 꼭 역사책에 기록되어야 할까? 그게 가능한 일일까? 그런 위인을 기준으로 꼭 대단한 인물이 되어야 한다고 생각할 필요는 없다는 말이야.

　어른들이 종종 말하지. 최소한 대학교는 가야 먹고산다고. 그런데 사실 먹고사는 것만 놓고 보면 꼭 대학 안 가도 돼. 주유소에서 열 시간씩 아르바이트만 해도 한 달 생활비 정도는 벌 수 있을걸? 원장님 얘기는 먹고살 걱정 때문에 전공 과목을 결정하거나 취업을 하지는 말라는 거야. 그런데 부모님들은 왜 그렇게 난리냐고? 너희 부모님들이 살았던 시대에는 먹고사는 게 굉장히 중요했거든. 원장님 초등학교 때는 국가 수출 목표가 100억 달러였어. 그런데 지금은 어때? 회사 하나가 그 정도 몫을 하지. 그때는 공무원, 교사, 은행원, 의사 같은 거 하지 않으면, 공장 가서 재봉틀을 돌려야 했어. 너희 부모님들은 그런 풍경을 보고 자랐고 그런 것에 익숙하기 때문에 보다 안정된 일자리를 강조하는 거야.

네가 음악을 하겠다고 하면 "야, 그거 가지고 밥이나 벌어먹고 살겠니?" 그러면서 뜯어말리지? 음악을 해서 유명한 가수나 작곡가가 된다면 더할 나위 없이 좋겠지만 혹시 그게 아니어도 전공인 음악을 살려서 할 수 있는 일은 많아. 영문과를 나왔다고 다 영어 선생님이 되고 사학과를 나왔다고 다 역사학자가 되는 게 아니듯 음악, 미술, 체육 같은 예체능 전공자도 일반 회사에 취직할 수 있어. 피아노 치는 게 좋아서 피아노 학과에 입학한 모든 사람이 피아니스트가 될 필요는 없지 않니? 그러니까 그런 것에 너무 개의치 않아도 돼. 왜냐하면 뭘 하든 결국 먹고는 살 거거든. 공무원 되는 거? 사실 대학 들어가는 것만큼이나 어려워. 그런데 꼭 공무원 안 해도 다 먹고산다는 거지. 그냥 네가 하고 싶은 것을 해도 괜찮아. 그게 인생을 조금이라도 더 행복하게 사는 길이야.

매일매일의 삶이
꼭 재미있어야 할까?

너는 매일매일의 삶이 꼭 재미있어야 한다고 생각하니? 지루한 것은 못 참겠고 매 순간이 재미있었으면 좋겠어? 하지만 중요한 일은 매일 반복돼. 너무 중요해서 반복되는 것이지. 그런 일은 생각보다 지루하고 재미가 없어. 원장님은 의사 생활을 한 지 20년이 넘었거든? 20년 동안 나는 늘 똑같은 옷을 입고 있어. 의사 가운 안에 입는 옷도 항상 검은색이나 회색이야. 현란한 색상의 옷을 입으면 환자들의 시선이 분산되거든. 어디 그뿐이니? 원장님은 출퇴근 길도 늘 똑같아. 그리고 출근을 하고 나면 화장실 몇 번 가는 것 빼고는 계속 한자리에 앉아 있지. 창문도 없는 진료실 내 자리에 말이야. 어때, 지겹겠지? 사실 나도 어떨 때는 너무 지루해서 확 뛰쳐나가고 싶을 때도 있어. 하지만 내가 해야 할 역할과 책임을 생각하며 견디는 거야.

 삶은 재미로만 유지하기가 어려워. 그래서 보람과 가치를 자꾸 떠올려봐야 해. 공부가 지겨워질 때면 지금 이 공부를 해서 얻게 될 보람과 가치를 생각하며 참을 줄도 알아야 한다는 거야. 어떤 아이가 나를 찾아와서 "원장님, 전 이미 틀렸어요. 이 성적 가지고 뭐가 되겠어요? 공부 집어치울래요." 하길래 이렇게 얘기해 줬어.

 "공부 조금 했다고 바로 눈에 띄는 결과를 기대하는가 본데 그건 큰 착각이야. 그렇게 되긴 힘들어. 하지만 성적에 상관없이 공부를 열심히 하는 건 무척 중요해. 공부는 대학에 가기 위해서가 아니라 두뇌 발달을 위해 필요한 거거든. 좋은 직업을 선택하기 위해서가 아니라 삶의 태도를 배우기 위해서 해야 하는 거지. 공부는 자기 자신에 대한 신뢰감을 얻는 수단이기도 해. 스스로 세운 목표를 이루기 위해 노력하면서 성취감을 얻게 되거든. 이게 공부가 가진 본래의 가치야. 그래서 공부는 잘하는 게 중요한 게 아니라 열심히 하는 게 중요한 거야. 어쩌면 공부를 잘하는 건 아주 소수에게만 주어진 재능일지도 몰라. 무슨 일을 하든지 본질은 같아. 고비가 있으면 견뎌내야 하고, 지루한 것은 참아내야 하고, 그런 걸 배워 나가는 것이 결국 학습의 과정이야. 너는 지금 너무 효율성을 따져 성적 얘기만 하니까 좌절하고 포기하고 싶은 거야. 공부는 효율성이 아니라 그 과정에 담긴 진짜 가치를 생각해야 하는 건데 말이지."

사람이 살아가는 데 보람이나 가치는 무척 중요한 거야. 내가 가치 있는 일을 하고 있다는 자부심, 가치 있는 일을 하기 위한 중간 과정에 있다는 확신은 순간의 재미보다 중요하지. 지금 내가 해야 하는 일이나 하고 있는 일에 자부심과 확신을 가져봐. 그래야 지루하고 지겨운 것을 참아낼 수 있어.

이 장의 첫 주제가 '사람은 왜 살까?' 였잖아. 내 생각에 사람은 누군가를 사랑하고 사랑받기 위해 사는 것 같아. 경제적으로 정말 궁핍해도 서로 위하고 사랑하는 부부는 행복해. 반대로 휘황찬란한 것들을 몸에 두르고 으리으리한 집에 살아도 사랑하고 사랑받는다는 느낌이 없으면 행복하지 않지.

그리고 행복한 삶을 사는 데는 한 가지가 더 필요해. 사는 맛, 사는 보람이 있어야 해. 동네 설렁탕 장사를 해도 어떤 손님 하나가 "맛있게 먹고 갑니다. 오늘 정말 국물이 끝내주네요."라고 말해 줄 때, 주인은 가슴이 따뜻해지면서 살아 있는 보람을 느끼겠지. 몇 년 전에 가르쳤던 제자가 찾아와서 "예전에 선생님이 저에게 해주신 그 말씀이 너무 좋았어요."라고 할 때 교사로 사는 보람을 느낄 거야. 밥하고 빨래하고 청소하는 매일 반복되는 일상 속에서 엄마는 "엄마, 고마워."라는 자식의 말 한 마디에 자신이 살아 있음을 느끼지. 함께 사는 세상에서 내가 가치 있다고 느끼는 것은 생각보다 아주 사소한 일들에서야.

   사실 살면서 재미를 느끼는 순간은 아주 조금이야. 원장님은 일 년에 한 번 휴가를 가는 게 재미의 전부야. 그리고 원장님이 살펴보니 재미를 위해서 살아가는 사람은 별로 없는 것 같아. 살면서 사랑하고, 자기의 책임을 완수하고, 보람을 느끼다 보면 재미있을 때가 '가끔' 있을 뿐이지.
   그러니 인생이 매 순간 재미있어야 하고 재미없으면 못 견딜 거라는 기본 전제를 한번 바꿔봐. 삶은 재미있다고 꼭 좋은 게 아니야.

Theme 6

어떻게 어른이 돼서
그것도 부모가 돼서
자식의 마음을
모를 수 있을까?

부모님은 왜 너를 이해하지 못할까?

부모님이 '열심히' '최선을 다해서'를 달고 사는 이유

부모님들이 만날 하는 말이 있어. "원장님, 우리 애는 왜 열심히 안 하는지 모르겠어요." 아이가 최선을 다하지 않고 매사에 대충대충이라서 너무 안타깝다는 거야. 그래서 그 집 아이한테 물어보면 아이는 최선을 다했다고 대답해. 너희 부모님도 그러시니? 너는 나름대로 열심히 하고 최선을 다하는데, 부모님은 그게 뭐 '열심히'고 '최선'이냐며 짜증을 내고 잔소리를 하셔? 도대체 왜 그러는 걸까? 채찍을 휘두르는 포악한 조련사처럼 "더 열심히! 죽을 힘을 다하란 말이야!"를 외치는 이유는 뭘까?

이유는 간단해. 부모님의 기준과 너희의 기준이 다르기 때문이야. 너희는 예전에 비해 조금만 더 하면 '열심히' 한 거지만, 부모님들이 볼 때는 머리에 김이 날 정도로, 똥 싸는 시간도 아껴가며, 사생결단의 자세로 해야 '열심히'라고 생각하는 거지. 두 '열심히'의 차이가 너무 크다고? 그런데 사실 그럴 만한 이유가 있어. 너희 부모님이 귀가 따갑도록 '더 열심히', '제대로'를 외치는 잔소리꾼이 된 이유를 원장님이 알려 줄게.

삼십 대 후반이 넘으면 사람은 보통 지금까지 살아온 삶을 후회하기 시작해. 경제적인 부분에 대해서도 그렇고 인간관계에 대해서도 마찬가지야. '그때 내가 이렇게 했더라면 지금쯤 더 나은 삶을 살고 있을 텐데······.' 하는 후회가 물밀 듯이 밀려오지. 같은 나이라도 결혼을 안 했다면 좀 덜한 편인데, 결혼을 하고 아이를 낳아 키우다 보면 후회가 더 심해져. 사회에 나가서 일을 하는 부모들은 더 뼈저리게 느끼지. 남들이 보기에 저 정도면 괜찮은데 싶은 사람들까지도 그래.

누구나 부러워하는 대기업의 임원인 어떤 아빠는 다른 임원들과 같이 스키를 탈 일이 있었는데, 자기 혼자 스키를 못 타더라는 거야. 그런데 그 순간 젊을 때 스키를 배워두지 않았던 게 그렇게 후회가 되더래. 너희들은 '그게 뭐 어때서?'라고 대수롭지 않게 생각하는 일들도, 나이가 들면 후회로 돌아오는 일들이 참 많거든. '내가 그때 시간을 좀 더 아껴 썼더라면…….' '내가 그때 게으름을 피우지 않고 운동을 했더라면…….' '내가 그때 영어 공부를 하루에 한 시간씩만 더 했어도…….' 이렇게 후회가 시작되면 부모님들은 그런 후회를 내 자식만큼은 겪게 하고 싶지 않다는 생각을 하게 돼. '내 아이만큼은 내 전철을 밟지 않게 해야겠다.' 다짐하지. 그래서 나오는 것이 바로 '잔소리'야. 너희 귀에는 부모님의 잔소리가 너희를 탓하는 것처럼 들리겠지만, 실은 자신의 후회스러운 삶에 대한 넋두리인 셈이지.

아이러니한 것은 뼈저리게 후회를 하면서도 부모님들은 아직까지도 그 습관을 못 고치고 있는 경우가 흔하다는 거지. '운동 좀 할걸.' 하고 자기 젊은 시절의 게으름을 후회하는 아빠는 아이보고 만날 "운동 좀 해라. 너 운동이 얼마나 중요한지 알아?"라고 잔소리를 하지만 정작 본인은 일요일이면 하루 종일 아무것도 안 하고 TV 보며 널브러져 있는 거야. 그러니 너희 입장에서는 '아빠나 잘하지 만날 나한테만 잔소리야.' 하는 반감이 저절로 생기겠지. 아마 아빠에게는 후회를 하면서도 습관을 바꾸기 어려운 몇 가지 이유 혹은 핑계(?)가 있을 거야. 돈을 벌어야 해서 운동할 시간이 없다거나, 헬스클럽을 끊자니 돈이 아깝다거나 자식도 운동을 해야 하니 내가 양보하는 게 낫겠다거나 하는 것들 말이야. 하지만 너희가 볼 때는 본인은 하지도 않으면서 너희들에게만 짜증 내고 화내는 모습으로 보이는 거지. 하지만 부모는 정말 애 끓는 심정으로 말하는 거거든. '너만큼은 이런 고통을 받지 마라.' 하는 심정인 거지. '나는 나쁜 버릇을 못 고쳐서 지금까지도 고생하고 있지만, 너는 내 나이가 되었을 때 후회하지 않았으면 좋겠다.' 하는 마음. 이렇게 속마음을 진솔하게 말해 주면 얼마나 좋겠어. 그럼 너희도 참고 들어주기가 쉬울 텐데. 그런데 꼭 잘난 척하듯 비난을 하지. 듣는 사람 기분 나쁘게 말이야. 그런 경우는 부모님들의 표현에 문제가 있는 거야. 하지만 너희가 이것만은 알아줬으면 좋겠어. 부모의 잔소리는 첫째, 자기 삶에 대한 후회이고, 둘째, 내가 겪었던 것을 자식만큼은 겪게 하고 싶지 않다는 사랑에서 출발한다는 것.

부모님들이 '더 열심히, 최선을 다해'라고 말하는 것은 너를 비난하고 야단치려는 의도가 아니야. 자신의 인생이 많이 후회되기 때문이지. 그렇게 잔소리를 해댈 때 너희 부모님은 사실 약자야. 후회가 많고 제대로 이루어놓은 것도 없지만, 사랑하는 자식만큼은 자신의 전철을 밟지 않았으면 하는 아주 약한 마음을 지녔거든. 그렇게 생각하면 모든 문제가 간단해져.

사람이 누군가를 이해한다는 건 참 힘든 일이야

너희 눈에는 예쁜데 부모님은 "그게 뭐가 예쁘다고 그러니?" 할 때가 있지? 너는 재밌어 죽겠는데 부모님은 "저게 뭐가 웃기니? 하나도 안 웃기는구먼." 해. 너는 속상해 죽겠는데, 부모님은 "뭐 그런 것 가지고 난리야. 그래 가지고 앞으로 세상을 어떻게 살래?"라며 핀잔을 주기도 하고. 반대로 너희에겐 사소해 보이는 일을 가지고 부모님은 하늘이 무너진 것처럼 화를 낼 때도 있지. 왜 이렇게 부모 자식은 생각이 다른 걸까? 왜 이렇게 서로를 이해하지 못하는 걸까?

우선 부모님과 너희의 뇌는 발달상 서로 다른 단계에 있어. 사고나 정서, 문제 해결 능력의 수준이 다르다는 거야. 어떤 상황이나 사물을 바라보는 시선이 다르니 당연히 생각도 다르겠지? 어찌 보면 아예 반대 지점을 보고 있다고도 말할 수 있어. 그래서 너희들이 깔깔거리며 웃는 것을, 부모님들은 별로 재미없어 하고, 부모님들이 잘생겼다고 하는 연예인이 너희에게는 하나도 잘생겨 보이지 않는 거야. 하지만 아무리 발달 단계가 다르다 해도 부모님들도 너희 같은 청소년기를 거쳤고 너희와 비슷한 욕구와 어려움을 겪었을 텐데 너무한 것 아니냐고? 그래, 너희 말이 틀린 건 아니야. 그런데 인간의 기억에는 한계가 있어. 20~30년 전에 있었던 일 전체가 또렷하게 저장되지는 않지. 기억이란 건 본래 본인에게 인상 깊었던 일, 충격적인 일 위주로 저장되거든. 심지어 가장 또렷이 기억하는 인상 깊었던 일조차 단상으로 남는 경우가 많지.

 너희 부모님에게도 열심히 공부하고 시험을 망쳤던 학창 시절의 경험이 한 번쯤은 있을 거야. 당시에는 너무 속상해서 죽고 싶기도 했겠지. 완전히 좌절해서 인생이 끝난 것 같기도 했을 거야. 그런데 어른이 되면 그때 몇 점을 받았었는지조차 기억이 나질 않아. '그때 내가 좀 많이 속상했었지.'라는 단상 정도만 남아 있을 뿐이야. 그러니까 너무 섭섭해하지 마. 부모님과 너희는 서로 달라. 부모님의 표현 방식 중 고쳤으면 하는 것이 많기는 하지만, 누구도 틀린 것은 아니야. 너희가 느끼는 것도 옳고, 잔소리를 해대는 부모님들도 어찌 보면 대부분 그들의 발달 단계에 맞는 행동을 하고 있는 것일 수도 있다는 거지.

다른 집 부모님이 부럽니?

"다른 집 아빠는 가라고 하는데, 우리 아빠만 안 된대요."
"다른 집 엄마들은 잘 사주는데, 우리 엄마는 만날 안 된다고만 해요."
"다른 집 엄마들은 상냥한데, 우리 엄마는 짜증만 내요."

너희들 이런 얘기 참 많이 하지? 사실 부모님과 같이 살다 보면 어쩔 수 없이 부모님의 좋은 면뿐 아니라 좋지 않은 것도 다 보고 경험하게 돼. 반면에 남의 집 부모님은 잠깐씩만 보잖아. 그러니 좋은 것만 보일 수밖에. 남의 집 부모님이 너에게 싫은 소리를 할 이유가 없으니까. 그러니까 어찌 보면 네 생각의 기본이 되는 데이터 자체가 상당히 왜곡된 거지. 이 세상 사람들이 겉으로 보이는 게 다가 아니잖니? 네가 본 것은 단면일 수도 있다는 거야. 게다가 다른 아이의 엄마, 아빠지, 네 부모님이 아니거든. 그러니 다른 부모님이랑 비교하며 괜한 생각 하지 말고 지금 너와 같이 사는 네 부모님을 어떻게 바꿔갈지 고민하는 게 나아.

솔직히 부모님들도 나랑 상담할 때, 다른 집 애들 타령을 많이 해. 다른 집 애들은 안 그러는데 우리 집 애는 왜 이렇게 키우기가 어렵냐고 말이야. 그럼 내가 뭐라고 대답하게? "다른 집 자식 얘기해서 뭐해요? 그 집 애 데려다 키울 거예요? 우리 애는 이렇게 생겼고 이런 성향이잖아요. 우리 집 아이를 잘 키울 생각을 해야지, 남의 집 아이 얘기 해야 아무 소용 없어요." 그러면 부모님들은 멋쩍어 하며 "그렇지요." 하지.

너희한테도 똑같이 얘기해 주고 싶어. 너희 부모님은 이미 그런 분이셔. 그렇다고 의절할 건 아니잖아. 부모님이 잘했다는 게 아니라 그래도 인간은 조금씩 노력하면 변화하게 되어 있으니까, 부모님과 어떻게 하면 잘 지낼까, 어떻게 하면 갈등을 덜 겪을까를 고민하는 게 낫다는 거야. '다른 집 부모님은 좋은데, 우리 부모님은 왜 이러지?' 하고 한탄만 한다고 남의 집 부모님이 너를 자식으로 받아주겠니? 아무리 싫은 소리 하고 네 마음에 안 들어도 그 과정이 지나고 나면 그래도 결국 너와 끝까지 함께하고 너를 끝까지 보호해 줄 사람은 바로 '네 부모님'이라는 거, 그것만은 잊으면 안 돼.

부모님이 싫어?
그럼 지능적으로 멀어져!

부모님의 영향을 받기 싫어? 얽히기도 싫고? 부모님만 보면 짜증이 나니? 그래서 집을 나가고 싶어? 그렇다면 너는 지금 심리적 독립을 하고 싶은 거야. 지금 시기에 충분히 할 수 있는 생각이지. 맞아, 자율적으로 행동하고 싶고, 독립적으로 살고 싶은 욕구가 솟구칠 때야. 하지만 심리적 독립에는 반드시 경제적 독립이 동반되어야 해. 그러니까 집을 나가면 어떻게든 네가 알아서 살아 나가야 한다는 말이지.

특목고에서 전교 1~2등 하던 남자아이가 있었어. 이 아이가 게임에 미쳐서 어느 날 갑자기 학교 안 가겠다, 집 나가겠다, 난리를 친 거야. 공부 잘하던 녀석이 어느 날부터인가 게임만 해 대니 부모로서도 좋은 소리를 하긴 어려웠겠지. 그런데 이 집 부모님은 아이가 원하는 대로 하게 해줬어. 학교도 그만두게 하고 혼자 살 원룸도 얻어줬대. 일 년치 원룸비도 선불로 내줬고. 그러고 나서 나머지는 혼자 알아서 하라고 했어. 이 아이는 생활비를 벌기 위해 아르바이트를 해야 했지. 그래도 나름 계획이 있었는지 검정고시 공부를 해서 수능을 본다 하더라고. 수능이 끝나고 왔기에 "수능 잘 봤니?" 했더니 아예 시험을 못 봤대. 무슨 소리냐고 되물으니 시험장에 가지도 못했다는 거야. 원서 접수 기간에 자기 아르바이트를 대체해 줄 사람을 못 구해서 접수조차 못했다는 거지. 결국 내년에 시험을 봐야 하는 사태가 벌어진 거야.

능력을 갖추지 않은 채 섣불리 독립을 했다가는 이런 일이 벌어질 수 있어. 아니, 사실 이런 일은 아주 약과지. 그러니까 제대로 독립할 수 있을 때까지 너 자신을 갈고닦아야 해. 대학교에 가면 네 마음대로 할 수 있는 게 많아지니까 일단 지금은 공부를 열심히 하는 게 좋아. 그리고 대학교를 가고 나서 기숙사에 들어가든, 따로 나와 살든지 해. 대학교 기숙사는 너무 먼 얘기라고? 그렇다면 지금은 독서실에서 늦게 돌아오는 방법을 써.

네 나이에 할 수 있는 합리적이고 합법적인 방법으로 집에 있는 시간을 줄이라는 거야. 부모님과 마주치는 시간이 줄면 아무래도 덜 다투게 될 테니까.

부모님이 잔소리하는 것도 싫고, 누가 이래라저래라 하는 것도 싫으니? 간섭 받지 않고 살고 싶어? 그건 너에게 자기 주도성이나 자율성이 자라고 있다는 긍정적이고 자연스러운 신호야. 성인이 되어서 독립적으로 살아가려면 자기 주도성과 자율성은 기본으로 갖춰야 하지. 한 가지 기억할 것은, 기본적인 것을 지키지 않으면서 모든 걸 네 마음대로만 하려는 건 자율성이 아니라는 거야. 그건 똥고집일 뿐이지. 너의 의지가 똥고집이 되지 않으려면, 자기 주도성에 따를 책임을 기꺼이 질 수 있어야 해.

문제 많은, 그러나 버릴 수도 없는 너의 부모님에 대해

　부모님에게 고치기 힘든 심각한 문제가 있다면 네가 반드시 극복해야 하는 것이 있어.
　만약 아빠가 술만 마시면 사람을 때리고 물건을 부순다고 하자. 너는 당연히 아빠가 싫겠지. 그런데 안타깝게도 너는 그토록 싫어했던 아빠의 행동을 어른이 되어서 그대로 답습할 가능성이 커. 그러니까 아빠가 그런 행동을 하는 상황과 조건을 잘 관찰하고 파악한 후 그런 상황을 만들지 마. 아예 피해. 그렇게 해서라도 너는 아빠를 닮지 않도록 항상 조심해야 해. 아빠가 술만 마시면 가족을 때리고 물건을 집어 던진다면 너는 어른이 돼서 술을 아예 입에 대지 않는 게 좋아. 평생 한 방울도 말이야.

술에 대한 반응은 집안 내력인 경우가 많거든. 자기 의지로 극복하지 못할 수도 있지. 생물학적인 건 노력을 해도 안 되는 부분이 분명히 있어. 하지만 그렇다고 아빠의 피를 물려받은 너 자신을 절대 미워해선 안 돼. 지금 너는 스스로 네 자아상을 만들어가는 과정에 있어. 너는 분명 아빠와 다른 사람이고 아빠와 다른 삶을 살 수 있어. 아빠보다 더 괜찮은 사람이 되고 싶어 하는 너 자신을 온 마음을 다해 사랑하도록 노력해야 해.

요즘 양육에서 아빠의 역할이 중요하다는 말을 많이 하지? 네 인생에서 아빠가 굉장히 중요한 영향을 주는 것은 사실이지만 그렇다고 그 영향력이 평생 가는 건 아니야. 언젠간 네 삶에서 아빠의 영향력보다 네 자신의 영향력이 훨씬 더 많은 걸 결정하는 날이 온다는 뜻이지. 네 부모님에게 문제가 있다고 해서 너 자신까지 망치려 들지는 마.

미국의 42대 대통령인 '빌 클린턴' 알지? 빌 클린턴 대통령의 아버지는 계부였어. 폭력적이기까지 했지. 그래도 클린턴은 계부를 저주하면서 알코올중독이나 마약중독에 빠져 자신을 포기하는 인생을 살진 않았어. 현재 미국 대통령인 버락 오바마의 아버지는 하버드 대학에 들어가기 위해 아내와 자식을 버렸지. 오바마를 키운 것은 할머니와 엄마였어. 아버지가 본인의 성공을 위해 자식을 버렸다는 사실은 아이에게 엄청난 상처가 될 수 있지. 하지만 오바마는 흑인인 데다 그런 불행한 성장 배경을 가졌음에도 불구하고 자기 인생을 성공적으로 잘 가꿔 나갔어.

누구나 인생의 위기를 겪고 마음의 고통을 경험하지만 그 영향을 얼마나 받는가는 사람마다 달라. 문제가 있는 부모를 만났어도 얼마든지 그들이 주는 영향을 최소화하면서 살아갈 수 있다는 뜻이야.

네가 먼저 달라져.
그럼 모두 긴장하게 되어 있어

원장님을 찾아오는 한 중학교 3학년 남자아이는 게임 중독이었어. 그 아이의 아빠는 알코올중독자였지. 아이는 피시방을 제 집 드나들듯 했고 집에 와서도 컴퓨터 앞에 붙어살았지. 부모는 게임 중독에 빠진 아이에게 두 손 두 발 다 든 상태였어. 아이를 구제 불능이라 생각했지. 그런데 이 아이가 어느 날 아빠에게 폭탄선언을 한 거야. "저 게임 안 할게요. 그러니까 아빠도 이제부터 술 끊겠다고 약속하세요." 엄마와 아빠는 깜짝 놀랐어. 아이를 다시 보게 됐지. 아이는 약속한 대로 바로 다음 날부터 게임을 끊었지만 아쉽게도 아빠는 술을 끊지는 못했어. 하지만 아이가 그런 말을 한 이후로 아이를 대하는 태도가 달라졌지. 어려워하고 눈치를 보게 되었다고 할까. 아빠도 예전과는 다르게 자신의 알코올중독을 심각하게 바라보게 되었어. 하루아침에 완전히 달라지진 않겠지만 네가 먼저 소통하는 방식을 바꾸면 부모님도 너를 예전처럼 함부로 대하지는 못해.

어떤 선생님이 학교에서 만날 껄렁대는 아이를 계속 구박했다고 하자. 아이는 선생님이 자신을 도발할 때마다 "아이, 씨!"라고 대꾸했고 선생님은 "너 지금 뭐라고 했어?" 하면서 아이와 사사건건 부딪쳤지. 둘 다 항상 똑같은 소통 방식을 써왔던 거야. 그런데 어느 날 아이가 갑자기 정중하게 "선생님이 화나신 건 알겠는데요, 저에게 시간을 좀 주세요. 저도 마음을 좀 진정시키고 나서 얘기할게요."라고 하면, 선생님은 당황해서 "어…… 어…… 그래." 하게 되어 있어. 거기에 대고 "이 자식이 어디서?"라고는 못하지. 당연히 그다음 말도 함부로 못하겠지? 엊그제까지 말만 꺼내면 화내던 아이가 점잖게 나오니까 한 방 먹은 느낌이 들었을 거야. 작은 변화는 그렇게 시작되는 거야.

청소년기는 인간관계가 깊어지고 넓어지면서 갈등을 처음 경험하는 시기야. 갈등이 쉽게 극대화되는 나이이기도 하지. 또 갈등을 어떻게 풀어 나가야 할지 배워가는 시기이기도 하고. 그러니까 부모님과 부딪치고, 선생님과 부딪치고, 친구와 부딪치는 것을 두려워하지 마. 갈등을 겪다 보면 다양한 문제 해결 방법을 배울 수 있거든. 그중 가장 쉽고 가장 확실한 방법이 너 자신의 소통 방식을 바꿔보는 거야. 청소년기에 이 연습이 되지 않으면, 지금 겪는 어려움이 성인이 되어서까지 계속 이어질 수도 있어.

나한테 상담을 오는 아저씨가 있어. 정말 똑똑하고 착한 사람이야. 굉장한 부잣집의 장남인데 공부도 잘해서 미국에 있는 명문 대학교를 나왔어. 지금은 대기업 회장인 아버지 밑에서 일하고 있지. 그런데 이 아저씨가 사실은 참 불행하게 자랐어. 어머니는 끊임없이 남을 통제하는 의심이 많은 사람이었고, 아버지는 자식과 아내의 말은 안 믿으면서 남의 말은 뭐든 믿는 사람이었어. 아들이 하는 말에는 뭐든 욕을 퍼부으며 "네가 뭘 안다고 그래?" 하는 식이었지.

어머니는 24시간 감시하면서 만날 쪼아대고, 아버지는 무슨 말을 해도 다 무시해 버리기 일쑤다 보니 이 아저씨는 늘 의욕이 없었어. 의욕이 없으니 만사 귀찮았겠지? 그래서 회사에도 항상 지각하고 회의 시간에도 딴짓만 하고 있었대. 어머니는 아들의 그런 모양새가 한심스러워서 아들을 더 쪼아댔어. 아버지도 늘 면박을 주고 말이야. 악순환인 거지. 그래서 나는 그 아저씨에게 복잡하게 생각하지 말고 일단 먼저 출근부터 제시간에 하라고 했어. 그리고 의사소통 방식을 하나씩 고쳐줬지.

한번은 회장님이랑 오후 2시에 회의를 하기로 약속했다길래 절대 늦지 말라고 했어. 아저씨는 오후 1시 50분에 회장 비서실 앞에서 기다렸지. 그런데 회장님이 외근이 안 끝났다며 두 시간 후에 보자고 했대. 그래서 오후 4시에 회의를 마치고 집에 오는데, 어머니가 전화로 왜 2시에 아버지를 만나지 않았느냐며 고래고래 소리를 지르더라는 거야. 이전까지는 이런 상황이면 "어머니, 그게 아니고요."라고 변명을 늘어놓았지만 이번에는 "어머니, 저 지금 바빠요. 조금 이따 다시 전화 드릴게요." 하고 끊어버렸어. 내가 이 아저씨한테, 어머니가 전화를 걸어서 다짜고짜 소리부터 지르면 단호하게 끊어버리라고 했거든. 그리고 아버지에게 기획안을 제출할 때는 최대한 간략하게 정리해서 다른 사람을 통해 전달하고, 아버지와 만날 때는 아버지의 잘못된 판단 때문에 아버지 본인에게 어떤 손해가 가는지 꼭 이야기를 해주라고 했지. 그런 식으로 행동을 바꿨더니 부모님이 예전처럼 자신을 무시하지 못하더라는 거야. 옛날 같으면 "이 바보 같은 자식아!" 할 것을 "어…… 그래…… 알았다." 하더라는 거지. 그리고 다른 사람한테 "걔가 목소리 톤이 달라졌어. 얼굴 표정도 달라지고." 하면서 은근히 긴장하시더라는 거야.

마음과 생각, 그리고 행동은 한꺼번에 몰려다녀서 마음의 문제가 해결되면 생각도 행동도 바뀌게 돼. 하지만 마음의 상처는 단시간에 생긴 게 아니어서 그 문제를 해결하는 데 시간이 좀 걸리지. 불행한 어린 시절을 보낸 이 아저씨의 경우가 그래. 하지만 행동부터 바꿔보면 의외로 문제가 쉽게 해결되기도 해. 마음, 생각, 행동 중 의지로 바꾸기 가장 쉬운 게 바로 행동인 데다, 이 세 가지는 삼발이처럼 물려 다니기 때문에 마음 자체는 해결이 안 되어도 행동을 바꾸면 결국 나머지 둘도 영향을 받게 되어 있거든.

너희도 사사건건 잔소리하는 엄마가 힘들다면, 한 번쯤은 마음먹고 이렇게 말해 봐. "엄마가 무슨 말씀 하시는지 알겠어요. 엄마의 기준에서는 아직 멀었겠지만 저도 많이 노력하고 있어요. 사람이 한 번에 모든 걸 다 바꿀 수는 없잖아요. 좀 기다려 주세요." 이때 중요한 것은 엄마가 무슨 얘기를 하고 있는지 내가 잘 알아들었다는 표시를 먼저 하는 거야. 시험 끝나고 이제야 게임 좀 하려는데 엄마가 뭐라고 하면 기분 나쁘지? 그때는 "엄마, 내가 공부도, 성적도 다 엄마 마음에 들게는 못했지만,

나한테도 시험은 스트레스예요. 엄마 말씀대로 앞으로 더 열심히 하려면 이 정도의 기분 전환은 필요해요."라고 말하면 돼. 네 말을 엄마가 가만히 듣지 않을지도, 온전히 믿지 않을지도 몰라. 그래도 한번 해봐. 너의 상태를 부모님에게 얘기하는 게 중요해. 아무리 너를 낳아주신 부모님이라 해도 네 마음과 생각을 잘 모를 때가 많거든. 그러니까 네가 나서서 조곤조곤 이야기를 해드려야 해.

부모님의 지긋지긋한
잔소리를 안 들으려면

잔소리에서 벗어나기 위한 첫 번째 방법은 기본, 그거 하나만은 꼭 지키는 거야. 예를 들어 엄마가 너에게 오후 9시까지는 반드시 들어오라고 했다고 하자. 그럼 몇 번쯤은 그 약속을 꼭 지켜봐. 몇 번 지킨 후에 "엄마, 거기가 멀어서 9시까지는 못 들어와요. 10시까지로 해주세요."라고 말하면 대부분 그러라고 해. 귀가 시간뿐 아니라 방 치우는 것도 그렇고, 게임 시간도 그렇고, 숙제도 그래. 몇 번은 해보고 의견을 말하면 훨씬 잘 먹혀. 잔소리도 줄어들고. 사실 처음 몇 번 약속을 안 지키면 엄마가 널 포기할 것 같지만, 절대 그렇지 않아. 속수무책인 엄마나 자식을 포기하지, 웬만한 엄마는 절대로 포기 안 하거든. 부모님의 규제가 과할 때도 있지만 가끔 가다 맞는 말도 있지? 그렇다면 맞는 말은 들되 아니라고 생각하는 것에 대해서는 당당히 얘기해. 그렇게 하면 부모님이 네 말을 훨씬 잘 들어줄 거야.

 잔소리가 지긋지긋하니? 괴로워 죽겠어? 그럼 이제 네가 할 일은 부모님이 잔소리하게 하는 행동을 안 하는 거야. 잔소리는 정말 싫지만 잘 안 된다고? 그럼 어쩔 수 없지. 그건 엄연히 네가 해결해야 할 몫이니까. 물론 너희 부모님도 방법을 바꿔야 해. 아무리 잔소리를 해도 똑같다는 걸 알면서 만날 그러고만 있으니 부모님도 고쳐야지. 너나 부모님이나 똑같아. 같이 회전문에 들어가 빙글빙글 돌고 있는 거야. 밖으로 나갈 생각을 못한 채 항상 제자리에 와 있는 거지.

 '쥐 상자 실험'이라고 들어봤니? 쥐는 식빵을 좋아해. 실험 상자 안에 쥐가 몸을 쭉 펴면 닿을 만한 위치에 지렛대를 만들고, 지렛대 끝에 치즈 묻힌 식빵을 놓는 거야. 식빵을 무는 순간 쥐가 죽지 않을 만큼만 전기가 통하게 해놓지. 상자 안에 들어간 쥐는 실험자의 의도대로 식빵을 물어. 입은 달콤하지만 몸은 감전되겠지. 쥐는 고통스러우니까 식빵을 놓을 거야. 그 쥐를 밖으로 꺼냈다가 다시 상자에 집어넣어. 쥐는 식빵을 물까, 안 물까? 아까 그렇게 고통스러웠는데도 또 식빵을 물어. 온몸이 또 지지직 하겠지? 이때도 잠깐 빼줬다가 시간이 지난 후에 다시 집어넣어. 식빵을 물까, 안 물까? 또 물어. 왜 바보같이 자꾸 무느냐고? 쥐니까. 오 분 있다가 넣어도 쥐는 또 식빵을 물어. 또 지지직 했겠지. 조금 있다가 또 넣었어. 이번에도 물었을까? 아니. 왜냐고? 쥐도 네 번을 반복하면 학습이 일어나거든. 똑같거나 비슷한 상황에서 자기가 괴롭지 않을 방향으로 반응을 하기 시작하는 거야.

이 실험은 학습 이론의 아주 중요한 기초가 되었어. 학습, 그러니까 공부엔 복습이 중요하다는 것을 알려 줬거든. 공부뿐만 아니라 다른 모든 일도 마찬가지야. 반복 속에서 배우는 것이 생기지. 이게 제대로 되지 않으면 인생은 회전문이요, 다람쥐 쳇바퀴요, 물레방아야. 경험으로부터 배우는 게 없는 사람은 틀린 문제를 또 틀리지. 한 번 틀렸으면 내가 어디에서 틀렸는지를 배워서 다음번에는 안 틀려야 되는데 또 틀려. 엄마가 "똥 누고 물 내려라." 하면 "알았어요." 하면서 만날 안 내리고 나와. 그러면 엄마가 예전보다 잔소리를 더 하겠지? 잔소리를 하는 사람이나 듣는 사람이나 다 지겨울 거야. 그런데 똥 누고 물 내리는 게 정말 어려워서 못하는 걸까? 한번 잘 생각해 봐.

부모님의 말은 태도가
아니라 내용만 받아들여

 부모님의 말에 짜증이 나는 것은 그 말의 내용 때문일까, 태도 때문일까? 대부분 말하는 태도 때문일 거야. 그럼에도 불구하고 부모님이 하는 말이 일리가 있다고 여겨지거든 그냥 받아들여. 기분은 나쁘겠지만 말하는 사람의 태도만으로 기분이 좋아지고 나빠지는 것은 미숙한 거거든. 사실 그런 식의 어른들 말투는 기분이 나쁘지. 그렇다고 옳은 말마저 거부할 필요는 없겠지? 그럼 네 손해니까.

 그리고 인간은 뇌 발달상 열 살이 넘으면 생산적인 비판과 비난을 위한 비난을 구별할 수 있게 돼. 충고해 주는 것과 혼내는 건 다르거든. 비판이나 충고는 네 발전에 반드시 필요하지. 그런데 너희들은 필요한 충고와 조언에 대해서도 혼낸다는 느낌을 받는 경우가 많아. 물론 충고나 조언을 해주는 사람이 부드럽고 친절하게 얘기해 주면 좋겠지만 이제는 태도가 좀 거슬려도 내용이 옳으면 받아들일 수 있어야 하는 나이야. 부모님을 비롯한 어른들이 네가 받아들이기 편한 형태로만 충고나 조언을 하는 건 아니거든. 너희는 이제 유치원생이 아니잖니. 너에게 꼭 필요한 말까지 모두 나쁘게만 생각하고 있는 건 아닌지 잘 생각해 봐. 그걸 잘 구별해 내지 못하면 세상에는 온통 기분 나쁠 일투성일 거야.

너에게 필요한 말도 다 혼내는 거라고 여기면서 기분 나빠 하면 어떻게 될까? 아무도 너에게 그 말을 안 해주게 돼. 가르치는 것도 중요하지만, 그 과정에서 매번 아이가 기분 나빠 하고 속상해서 갈등이 생긴다면, 부모는 사랑하는 자식과의 관계까지 망치게 될까 봐 결국엔 말을 안 하게 되거든. 선생님도 마찬가지야. 너한테 좋은 충고를 해주는 건데, 네가 자꾸 기분 나빠 하면 너랑 관계가 틀어지는 건 원치 않으니까 말을 안 하게 되겠지. 그렇다면 듣기 싫은 말을 듣지 않게 되었으니까 좋은 걸까? 아니. 너를 이끌어줘야 할 어른들이 너를 조심스러워하기만 한다면 그건 네 성장에 좋을 게 하나도 없어. 너의 삶엔 발전이 없겠지. 그건 성인이 되어서도 마찬가지야.

충고해 주는 것과 혼내는 것을 구별해 내고, 너에게 꼭 필요한 비판과 너를 모독하는 비난을 분간할 수 있어야 해. 어른들의 말에 기분이 나쁠 때, 그 말이 둘 중 어디에 속하는지 꼭 생각해 봐. 그 내용이 옳고 너에게 필요한 충고라면 기분이 나쁘더라도 받아들여. 기분이 나쁜 건 네가 해결해야 하는 문제라는 뜻이야. '나는 왜 누군가 저런 식으로 말하면 언제나 기분이 나쁠까?' 곰곰이 생각해 봐야 해. 누가 소리를 지르면서 "그걸 그렇게 하면 어떡해? 이렇게 해야지!" 하면 "그래요? 이렇게 하면 안 되는 거였어요? 그럼 좀 가르쳐주세요." 해야 진정한 고수인 거야.

부모님에게 고민을 털어놓지 못할 때는?

부모님과 대화가 통하지 않을 때 너는 누구와 대화를 하니? 고민을 누구에게 털어놔?

너희는 무엇보다 친구와 대화가 필요할 때야. "어느 반 누가 멋있더라. 잘생기지 않았니?" "그 책 읽어봤어? 무지 재밌더라." "어느 학원 갔더니 선생님이 대박 잘 가르쳐." "그 선생님 정말 마녀 같지 않냐?" "우리 부모님은 정말 너무해! 너희 부모님도 그래?" 이런 이야기 말이야. 이런 사소하면서도 친밀한 대화를 통해 동질감도 느끼고 우정도 깊어지지. 하지만 중요한 결정을 내릴 때나 부모님과의 갈등 상황을 친구에게 상의하는 것은 위험할 수 있어. 친구들이 제시하는 해결책이 오히려 문제를 해결하는 게 아니라 더 심각하게 만드는 경우가 많거든. 아직 너희 또래는 누군가의 인생에 중대한 상담을 해주기에는 좀 미숙한 부분이 있다는 건 인정할 필요가 있다는 거야.

원장님은 이럴 때 너희가 인생을 너희보다 더 살았고, 더 좋은 조언을 해줄 수 있는 사람과 얘기를 했으면 좋겠어. 담임 선생님도 좋고 상담 선생님도 좋아. 친하지는 않아도 평소 네가 좋아하는 선생님이 있다면 그 선생님을 찾아가도 돼. 과외 선생님이나 학원 선생님, 교회 선생님과 있을 때 마음이 편하다면, 그분들에게 얘기해 봐도 되지. 고민은 있는데 물어볼 사람이 없다면, 그때는 아예 나 같은 사람이 있는 병원으로 와. 주변 사람들한테 섣불리 털어놓고 얘기할 수 없다는 것은, 어쩌면 정신과 의사하고 나눠야 하는 문제일 수도 있으니까.

너희들이 대화를 나누는 상대 중에 원장님이 가장 걱정하는 존재는 바로 익명의 친구야. 사람 사이의 관계에서는 '미운 정 고운 정'이 중요해. 관계가 깊어지려면 같은 시간과 같은 공간을 공유해 봐야 하지. 같은 반에서 함께 생활하든 학원을 같이 다니든 그 사람의 좋은 점, 나쁜 점을 알 수 있는 시간이 필요할 테니까. 그런 것들이 파악되어야 '이건 이 아이 말을 듣는 것이 좋겠어. 이 부분에 대해서 많이 아니까. 하지만 저 부분에 대해서는 이 아이 생각이 좀 잘못된 것 같아.' 하는 판단이 가능해져. 그래야 그 아이가 주는 영향을 네가 걸러낼 수 있는 거지. 하지만 익명의 친구는 그게 불가능해. 그 사람이 어떤 사람인지 전혀 모르잖아. 나쁜 의도를 가지고 사탕발림으로 네가 듣기 좋은 얘기만 하고 있을 수도 있잖니. 물론 SNS나 채팅방에서 만난 익명의 관계라도 마음이 무척 잘 통하는 경우도 있어. 하지만 사람은 가까워지면 보고 싶어지게 마련이야. 인간에게는 친해지면 얼굴과 얼굴을 맞대고 대화하고 싶어지는 욕구가 있거든. 그런 욕구가 안 생긴다는 것은 그 관계가 진짜가 아닐 가능성이 있다는 거야. 뭔가 목적을 가지고 의도적으로 가장한 친밀감일 수 있는 거지. 그건 너도, 상대도 마찬가지야. 그리고 그런 관계는 깊어질수록 문제가 생기기 시작해. 얼굴과 얼굴을 맞대고 만나는 관계도 시간이 길어지고 관계가 깊어지면 여러 가지 문제가 생기게 마련이지만 함께한 시간 동안 서로 알게 된 문제 해결 방법이 있어. 하지만 익명의 관계에는 그게 없기 때문에 관계가 깊어지면 깊어질수록 더 외로워지지. 오해가 생기기도 쉽고.

익명의 관계 중에는 불순한 목적으로 너희에게 접근하는 사람도 있어. 사춘기 아이들이 나쁜 어른들과 만나게 되는 장소는 대부분 익명의 채팅방이거든. 정말 좋은 사람을 만난 적도 있다고? 하지만 그런 예외적인 경우를 기준으로 삼을 수는 없어. 또 하나 잊지 말아야 할 것은 너뿐만 아니라 익명의 상대자도 서로의 관계에 책임을 지지 않는다는 거야. 사람과 사람이 만나서 서로를 알아가다 보면 관계에 대한 책임을 어느 정도 지게 되어 있어. 때문에 말도 행동도 조심하게 되는 거지. 익명의 관계는 그렇지 않기 때문에 위험하고 무서운 거야.

Theme 7

생긴 것도 별론데
집에는 돈도 없고
공부는 애초에 글러먹었으니…
아~ 작아진다, 작아져.

그럼에도 불구하고 '쫄지 마'

목숨을 위협받는 상황이 아니라면
쫄 이유가 없어

너는 지금 어딘지도 모르는 곳에, 누군지도 모르는 사람에 의해, 영문도 모르는 채 붙잡혀 있어. 눈은 까만 천으로 가려져 있고 입에도 재갈이 물려 있지. 의자에 앉아 있기는 한데 팔과 다리는 끈적끈적한 테이프로 묶여 있고, 소리는 들리는데 무슨 얘긴지 또렷하진 않아. 도대체 여기에 몇 명이나 되는 사람이 있는지도 모르겠어. 숨을 들이마셔 보니 콧속으로 피 냄새, 화약 냄새, 퀘퀘한 곰팡이 냄새가 훅 끼쳐 들어왔어. 그때 누군가가 너에게 다가오는 듯한 느낌이 들었어. 이내 턱 밑으로 얼음처럼 차가운 칼날이 느껴졌지. 무섭고 겁이 날 거야. 너도 모르게 몸이 덜덜 떨리고 식은땀이 흐르겠지. 이럴 땐 누구라도 두렵고 위축될 수밖에 없어. 요샛말로 쫄게 되지. 목숨을 위협받고 있으니 당연한 일이야.

　원장님이 일부러 좀 극단적인 상황을 묘사해 봤어. 그만큼 이 세상엔 너희들이 쫄 일이 많지 않다는 걸 말해 주고 싶었거든. 호랑이에게 잡아먹히기 직전이거나, 납치를 당했거나, 전쟁 중에 적군에게 포로로 붙잡힌 것처럼 목숨이 간당간당한 상황이 아니고서는 쫄 이유가 없다는 거야. 무조건, 절대, 누구에게도 쫄지 마. 별거 아닌 일에도 자꾸 쫀다는 건 엄밀히 말하면 네 안의 문제야. 실제로 존재하지 않는 것에 대한 두려움에 지나지 않는다는 얘기야. 전쟁에서 만난 적군이나 강도는 보편적인 공포의 대상이지만, 네가 두려워하는 사람이나 사건을 '누구나' 두려워하는 건 아니잖니. 그건 너의 지나친 걱정에서 비롯된 두려움일 뿐인 거지.

　그렇다면 너를 두렵게 하고 쫄게 만드는 그 실체를 정확히 파악해야 해. 네가 다른 사람이라 생각하고 냉정하게 너 자신을 관찰해 봐. 뭐에 가장 위축되니? 성적? 친구? 부모님? 미래? 너를 작아지게 만드는 게 뭐야? 네가 작아지는 이유는 뭘까?

어른들에게 쫄지 마.
그냥 네가 너그럽게 이해해 줘

너도 아빠가 무섭니? 아빠가 무섭다고 하는 친구들이 참 많더라. 그런데 지금은 그럴지 몰라도 얼마 안 있으면 힘이 역전되는 날이 와. 지금은 아빠의 힘이 무시무시하고 네가 작아 보여도 이 관계는 절대 오래가지 않아. 네 힘은 훨씬 더 세지고 아빠는 점점 나이 들어 쪼그라드는 날이 오게 마련이야. 이렇게 말하면 "원장님도 우리 아빠 같은 사람이랑 살아보세요."라며 한숨 쉬는 아이들도 있어. 그래, 알아. 쉽지 않을 거야. 그래도 아빠가 무서울 때는 '나는 아빠의 어떤 면을 무서워하는 걸까?'를 찬찬히 생각해 봐야 해. 아빠가 나를 때리는 것이 두렵다면 열심히 트레이닝을 해. 아빠를 때리기 위해서가 아니라 맞아도 안 아프게, 어느 시점이 되었을 때는 나를 때리는 아빠의 손을 붙잡을 수 있게 몸을 만들어놓는 거야.

또 '아빠의 폭력성은 아빠의 문제일 뿐, 내가 이런 식으로 구타당할 이유는 없어. 내가 좀 잘못을 했다 해도 사람이 사람을 때리는 것은 옳지 않아.' 이렇게 이성적으로 자기 생각을 세워나가야 해. 그래야 덜 쫄아. 부모님의 사랑을 의심하지는 않지만 지금 아빠의 방식은 잘못된 거고, 적어도 나는 저런 걸 배우지는 않겠다고 결심하는 거지. 쫀다는 것은 이미 영향을 받고 있다는 증거거든. 맞아서 몸이 아픈 것은 시간이 지나면 없어지고 멍도 차츰 가시게 되어 있어. 중요한 건 마음의 멍이지. 지나치게 위축된다는 것은 마음에 멍이 들고 있다는 거야. 그렇게 되지 않도록 네가 늘 마음을 다잡아야 해.

부모님과 선생님을 포함해서 어른들에 대한 이야기를 좀 할까? 어른들을 보고 있으면 종종 어른이 돼서 왜 저러나 싶을 때가 있지? 사실 어른들에게도 속사정이 있어. 너희들이 어른에 대한 환상을 가지고 대하기 때문에 그에 맞춰 사는 거지 솔직히 어른들도 부족한 것이 많아. 철없던 사람이 마흔 살이 넘었다고 갑자기 너희가 생각하는 어른다운 어른이 될 수 있는 건 아니거든. 그냥 나이만 어른인 채로 사는 사람도 적지 않지. 너희들이

"우리 부모님은 절대 안 변해요. 아무리 말해 봐야 소용없어요." 하면서 좌절하곤 하는데, 부모님들은 너희들보다 뭔가를 고치기가 더 어려워. 나이가 들면 자신을 바꾼다는 게 쉽지 않거든. 만약 너희 부모님이 50세가 넘었다면 변할 거라는 기대는 아예 하지도 마. 아무리 말해도 부모님이 안 변하면 그냥 포기하고 그 모습 그대로 받아들여. 고치지 못한다고 해서 네 말 자체를 이해하지 못하는 건 아니거든. 너무 오랜 시간 같은 행동으로 굳어져서 바꾸는 게 쉽지 않을 뿐이지. 그러니까 네 생각은 꼭 전해야 해. 부모님이 바뀌든 안 바뀌든 말이야.

어른들을 보면 참 징글징글하게도 너희 말을 안 믿어주는 것 같지? 그런데 그건 너를 못 믿어서가 아니라 너희 주변의 다른 어른들을 못 믿어서야. 아직은 네가 어떤 복잡한 상황이나 문제를 처리할 수 있는 충분한 나이가 아니어서 그걸 염려하는 거지. 걱정이 많거나 불안이 높은 부모라면 자식이 더 그렇게 보일 거야. 그런데 그건 너를 못 믿는다기보다는 본인의 불안과 걱정 때문인 경우가 많아. 그럴 때 네가 계속 왜 나를 못 믿느냐면서 소리를 빽빽 지르면 불안이 많은 부모님이 안심을 할까? 답은 알고 있지? 부모님한테 무조건 맞추라는 것은 아니지만, 너 또한 사회의 구성원이니까 자기중심으로만 생각해선 안 돼. 밤 11시가 넘도록 밖에 있을 때 너는 나쁜 짓을 안 할지 모르지만, 다른 어른들이 너에게 나쁜 짓을 할 수도 있는 거잖아. 그리고 사회 통념상 너희 또래 아이들이 그 시간까지 밖에 있는 건 누구든지 걱정할 법한 일이야.

너희들한테는 차근차근 생각 좀 하라고 하면서, 어른들은 너희가 무슨 말만 하면 제대로 상황 파악도 하지 않고 무조건 단정 짓고 소리 지르고 혼만 내는 경우도 많지? 자기들 얘기만 실컷 하고 너희한텐 무조건 입 다물라고 하고. 어른들의 이런 행동은 정말이지 변명의 여지가 없어. 그리고 의외로 이런 어른들, 세상에 정말 많아. 그러니까 어른을 대할 때는 네가 이야기를 다 하기도 전에 그 사람이 화를 낼 수도 있다는 걸 항상 염두에 두면 좋아. "알았어요."라든지 "무슨 말씀 하시는지 알겠어요." "고치려고 하고 있어요." 하는 식으로 결론부터 얘기하는 게 낫다는 거야. 그런데 이런 어른들한테 너까지 화내고 소리 지르면 어떻게 되는 줄 아니? 네가 격분하면 어른은 광분하고, 결국 내용은 없어지고 감정만 남아서 서로에게 엄청난 상처를 주게 되는 거야. 앞에서도 얘기했지만 감정의 선을 넘으면 반드시 결과는 나빠지게 되어 있거든.

마지막으로 어른들은 굉장히 감정적이야. 툭하면 욱! 버럭! 신경질에 짜증도 엄청 잘 내지. 너희들은 질풍노도의 시기 한가운데에 있는 청소년기라 그렇다 해도, 어른들 중에는 청소년기도 아니면서 일생을 그렇게 사는 사람들이 많아. 사실 감정의 발달은 후천적인 거거든. 너희 부모님은 어릴 때 감정 조절 교육을 잘 못 받아서 너희들보다 훨씬 더 그걸 못하는지도 몰라.

그러니까 어른을 좀 이해해 달라는 거야. 너희처럼 감정 조절이 미숙한 데다 50세가 넘어가면 성격까지 굳어진다는 사실을 알아달라는 거지. 너를 사랑하지 않거나 존중하지 않아서가 아니라 후천적으로 감정이나 공감 능력이 덜 발달되어서 너를 이해하지 못할 수도 있다는 거야. 자꾸 자기 입장으로만 보려고 하는 거지. 하지만 기본적으로 그 마음의 바탕에는 너에 대한 사랑이 깔려 있어. 너를 아끼고 사랑하고, 잘 되기를 바라고, 잘 가르쳐주고 싶은 마음이 크다는 것, 그것만은 꼭 잊지 않았으면 좋겠다.

성적에 쫄지 마

성적 때문에 쫄아 있니? 사실 네 나이에 할 일들을 열심히 하고만 있다면 성적이 좋고 나쁘고로 쫄 필요는 없어. 너희가 성적에 기죽는 이유는, 어른들이 너희들의 공부에 지나치게 효율성의 논리를 적용해서 '생산성'만 따지는 탓이 큰 것 같아.

만약 아이가 고액 과외를 받거나 학원을 다녔는데 그만큼 성과가 없다고 하자. 그럴 때 어떤 부모님들은 "들어간 돈이 얼만데…… 끊어. 그만 다녀."라고 쉽게 말해 버리지. 이런 논리는 정말 문제야. 공부를 포함해서 아이를 교육하고 키우는 일을, 인풋(input 투입)과 아웃풋(output 출력)의 개념으로 생각해선 안 되거든. 내가 10을 투자했으니 10만큼의 결과가 있어야 한다고 생각하면 안 된다는 말이지. 인생 전체를 놓고 볼 때 지금 당장 보이는 아웃풋이 나쁘다고 별 볼일 없는 인간이 되는 건 아니거든. 좋은 성적을 받기 위해서, 좋은 대학교에 가기 위해서 공부를 하는 게 아니잖아. 앞에서도 말했듯이 공부는 '열심히 하는 것'을 배우기 위해서 하는 거니까.

부모님이 "성적도 안 오르는데 학원 다니면 뭐해?"라고 말할 때, "다 끊으면 되잖아요. 안 한다고요."라고 대들면 곤란해. 기죽지 말고 "성적이 오르지는 않았지만 나름대로 열심히 하고 있어요. 조금 더 지켜봐 주세요."라고 당당하게 말할 수 있어야지. 너희까지 스스로를 공장에서 찍어내는 공산품 대하듯 생산성의 논리로 평가하지 마. 우리는 인간이고 교육은 인간다워지려고 받는 거야. 아프다고 거짓말하고 피시방에 가서 놀면서 과외나 학원을 계속 빼먹을 거라면 끊는 게 맞아. 공부하는 자세가 안 되어 있는 거니까. 그런데 열심히 하긴 하지만 아웃풋이 좋지 않은 거라면 그냥 계속해. 밀고 나가. 배움은 배움의 과정 자체로 의미가 있는 거야.

성적 때문에 학교에서도 쫄 일이 참 많지? 어떤 선생님들은 성적 가지고 막말을 해서 너희를 작아지게 만들기도 해. 그럴 때는, '나는 왜 공부를 하는가? 사람들에게 공부를 시키는 의미는 무엇일까? 세상 사람들은 모두 공부를 잘해야 할까?'를 생각해 봐. 전문가라면 자신의 분야에 대한 철저한 지식이 필요하니까 공부를 잘해야겠지만, 그렇지 않은 사람도 꽤 많아. 잘난 사람들 중에는 공부에 그다지 재능이 없었던 사람도 많지.

성적이 좀 안 좋더라도 쫄지 마. 공부를 포기하지도 마. 그냥 열심히 하면 돼. 그런 자세라면 공부 생각을 할 때 최소한 불편하지는 않을 거야. 세상에 못생기고 싶은 사람이 있을까? 모두 예쁘고 싶지만, 모든 사람들이 모델처럼 쭉쭉빵빵한 건 아니잖아? 우리가 몸을 가꾸는 건 모델이 되기 위한 게 아니야. 너무 뚱뚱하지 않기 위해서, 건강하기 위해서, 조금 더 예쁘게 보이기 위해서지. 공부도 마찬가지야. 공부가 네 인생의 유일한 목적이 아니라면 쫄 필요 없어.

친구에
쫄지 마

 성적뿐만 아니라 친구 관계도 마찬가지야. 친구 앞에서 자꾸만 위축된다면 나는 왜 쟤한테 쫄까를 생각해 봐. 내가 과연 쟤한테만 쪼는 걸까? 아니면 저런 유형의 사람들 모두에게 위축되는 걸까 하고 분석하는 거지. 상대에게 압도당해서 괴로워만 하지 말고 한발 물러서서 자기 자신을 볼 수 있어야 해.

 친구의 약점을 뻔히 알면서 공공연히 놀리고, 자기가 더 힘이 세다는 것을 알리기 위해 친구를 이용하는 못된 아이들이 꼭 있어. 친하다는 이유로 함부로 말하고 비아냥거리는가 하면 외모를 가지고 수치심을 느끼게 하는 말을 서슴지 않고 하기도 하지.

네가 굉장히 예민해하는 약점을 공개적으로 까발리며 장난을 치기도 하고. 이런 친구가 있다면 영향을 안 받을 수는 없을 거야. 하지만 그걸 최소화할 수는 있어. 우선 너 자신한테 물어야겠지. 나는 주변 사람들이 나에게 해주는 좋은 충고나 조언을 잘 받아들이고 있나, 그런 것은 별로 귀담아 듣지 않으면서 정작 영양가 없는 나쁜 말에만 예민하게 반응하고 있는 것은 아닌가 생각해 봐. 그건 내면의 문제거든. 내 안에서 원인을 찾아 실체를 파악하고 그 가치를 따져봐야 해. 한번 차분히 적어봐도 좋아. 나는 어떤 아이들에게 쫄고, 어떤 행동들에 쫄고, 그게 정말 내가 쫄 만한 것들인지. 그럴 만한 것이 아니라고 판단되면 그런 친구를 만났을 때 마음속으로 '똥파리 앵~!'을 외쳐. 너에게 그 친구는 '똥파리' 그 이상도 그 이하도 아니라고 생각하면 돼.

못된 아이들 때문이 아니더라도 애들 앞에서 괜히 작아질 때가 있을 거야. 그때도 '왜?'를 떠올려봐. 가령 아이들과 노래방에 갔어. 너는 스스로를 음치라고 생각하고 있지. 아이들이 마이크를 잡고 한 곡씩 부르기 시작해. 네 차례가 다가올수록 가슴이 쿵쾅거리겠지. 그럴 때는 심호흡을 해봐. 그리고 이 시간의 의미에 대해서 생각해 보는 거야. '돈 받고 공연하는 가수도 아닌데, 내가 뭐 쫄 거 있나? 이 아이들은 다 나랑 친한 친구들이잖아. 노래 잘 부르고 못 부르고가 뭐가 중요해? 이 시간만 즐거우면 되지.' 이렇게 생각할 수 있어야 해. '아이들이 음치라고 비웃으면 어떡하지?' 하는 걱정이 들면, '웃어서 즐거우면 되지. 오늘 우리가 여기 모인 이유가 그것 때문이잖아. 나는 음치 모드로 가는 거야.' 이렇게 생각을 정리하면 마음이 한결 편안해질 거야.

왜 그렇게 '왜'를 생각하고 자기 자신과 현재 상황을 정리해야 하는 거냐고? 시간이 지나면 그냥 나아지는 거 아니냐고? 물론 그럴 수도 있어. 예전에는 친구 앞에서 쫄았어도 커가면서 마음의 문제가 저절로 해결되기도 하지. 그런데 그건 졸업하고 시간이 한참 지나고 나서의 일이야. 그사이에 나쁜 영향을 너무 많이 받게 되는 거지. 나를 쫄게 하는 그것 때문에 내가 조금씩 다른 사람이 되어갈 수도 있다는 얘기야. 그러니까 너 자신을 지키기 위해서라도, 그럴 가치가 없는 사람에게 쫄지 마.

당장은 아무것도 결정되지 않아. 미래에 쫄지 마

　며칠 전에 길을 가다가 담벼락에 크게 낙서가 되어 있는 것을 봤어. 하얀색 래커 스프레이로 '그래, 공부하지 마. 서울대는 너를 거부할지 몰라도 서울역은 너를 반겨줄 거야.'라고 적혀 있더라. 너희들도 그렇게 생각하니? 이건 부모님들이 너희를 공부시킬 때 써먹는 전형적인 협박 가운데 하나야. 미래는 아무도 알 수 없어. 부모님들은 다 안다고 하지만, 그분들이 산 시대와 너희가 살 시대는 달라. 부모님 시대에는 집 전화가 전부였지만, 지금은 모두가 휴대폰을 들고 다니는 시대잖아. 부모님이 살던 시대엔 지하철이 없을 때도 있었어. 하지만 지금은 KTX를 타면 세 시간 만에 부산에 갈 수 있지. 너희가 성인이 되었을 때는 시대가 또 어떻게 변할지 몰라. 10년 전과 지금을 비교해도 세상이 엄청나게 변했는데, 앞으로 10년 후, 20년 후의 세상을 어떻게 알겠니? 어른들의 미래에 대한 협박에 겁먹지 마. 그들의 불길한 예측은 자신들의 불안에서 나오는 것일 뿐이야. 너희는 그저 너희 자신을 믿고 '현재'를 열심히 살면 돼.

"열심히 한다고 뭐 세상이 정의롭게 돌아가겠어요?"라고 되묻는 친구가 있길래 내가 물었지. "넌 기본적으로 회의가 많구나. 왜 그런 것 같으니?" 그랬더니 성격 탓이래. 자기는 어릴 때부터 만화나 책을 봐도 영웅이나 위인보다 거기 나오는 악당이 더 매력적으로 느껴졌대. 그러면서 자기 스스로를 독특하고 기괴한 사람이라고 하더라. 악당이 되어서 좀 튀고 싶은 마음도 있는 것 같대. 그런 생각, 할 수도 있지. 꼭 영웅만 인기 있으란 법은 없으니까. 그런데 영웅도 악당도 아침에 일어나면 양치질을 하고, 세수를 하고, 밥을 먹어. 악당도 잘 시간이 되면 잠을 자지. 네가 앞으로 뭐가 되든 지금 가장 중요한 것은, 네 나이에 해야 할 기본적인 것들을 지키는 거야. 학교가 아무리 지루하고 재미없어도 학생이니까 시간 맞춰 학교는 가야 해. 밤을 새서 공부할 필요는 없지만 시험 때는 공부도 좀 하고. 남들처럼 놀 때는 놀고, 네 나이에 느껴야 할 것들도 좀 느끼면서 말이야.

지금 현재 해야 할 일을 하면서, 네가 정말 하고 싶은 것, 네가 원하는 삶이 또렷해질 때까지 천천히 기다려. 지금 당장 정확한 목표를 잡아서 미친 듯이 공부하지 않는다고 네 미래가 어떻게 되는 것은 아니야. 왠지 나만 늦어지는 것 같다고? 주변에서 그렇다고 겁도 주지? 가만 보면 늦게 공부를 시작한 사람이 더 성공적으로 사는 경우도 많아. 동기와 목표가 확실하니까. 고등학교 졸업해서 바로 대학교에 가고, 대학교 졸업하고 바로 취직하면 성공한 걸까? 내가 뭘 원하는지는 생각도 않고, 남들이 좋다는 직장에 들어갔다가 금세 사표 던지고 나와서 방황하는 사람도 많아. 그렇다면 그 방황, 지금 하는 편이 훨씬 나아. 지금 필요한 것은 성적을 올리는 것이 아니라 매일매일 네게 주어진 기본을 하면서 너 자신을 알아가는 것, 스스로 너를 만들어가는 거야. 그건 지금이 아니면 할 수 없는 일이거든. 공부는 5년 뒤, 10년 뒤, 하고 싶은 마음이 들 때, 뚜렷한 방향이 정해졌을 때 해도 늦지 않아.

지금 네가 굳게 믿어야 할 건
바로 '너'

지금까지의 이야기가 너에게 좀 도움이 되었니? 너와는 아직 상관없다고 생각되는 이야기도 있었을 테고, 좀 어려운 이야기도 있었을 거야. 귀가 닳도록 들어왔던 잔소리 같은 이야기도 있었겠지. 어쩌면 머릿속에 남는 얘기가 별로 없다며 투덜대고 있을지도 모르겠다. 뭐든 괜찮아. 이 책은 밑줄 치면서 공부해야 하는 교과서가 아니니까. 사실 원장님은 이 책을 쓰면서 한 가지 목표가 있었어. 네가 너를 조금 더 알게 되는 것!

자신을 제대로 아는 것을 전문 용어로는 '자아 통합'이라고 해. 청소년기는 자아 통합이 무척 중요한 시기야. 자아 통합이란 건 예를 들면 이런 거야. '나는 공부를 잘하는 것 같아. 하지만 몸매가 좋지는 않지.' '나는 좀 까다로워. 하지만 대체로 선한 사람인 것 같아.' '쟤랑은 싸웠지만, 잘 지내는 친구도 많아.' 즉 내가 가지고 있는 여러 가지 모습을 인정하고 그 모든 걸 '나'의 모습으로 편안하게 받아들이는 거야.

자아 통합이 이루어지지 않으면 자신에 대해 혼란을 느끼게 돼. 쉽게 좌절하고 절망하지. 성적은 전교 1등 하는 아이와 비교하고, 외모는 우리 학교에서 가장 예쁜 아이와 비교하고, 돈은 엄청난 부잣집 딸이랑 비교하거든. 그러니 내가 별로인 것 같고 자존감도 떨어지게 돼. 게다가 다른 부분은 모두 봐줄 만함에도 불구하고 하나가 나쁘면 모두 나쁜 것으로 보기 때문에 쉽게 절망하게 되지. 대표적인 것이 시험이야. 성적 한 번 떨어졌다고 자신은 구제 불능이고 희망이 없다고 포기해 버리는 거지.

그리고 더 심각한 문제는 자아 통합이 안 된 사람은 타인을 볼 때도 자기 기준에 맞춰 평가하고 단정지어 버린다는 거야. 스무 가지나 좋은 점이 있는데도 한가지 실망스러운 면이 보이면 바로 '나쁜 사람'이라는 꼬리표를 달아버리지. 무섭지 않니? 내가 나를 안다는 건 생각보다 굉장한 힘을 가진 일이야.

사람은 아침에 눈을 떠서 잘 때까지 굉장히 많은 일을 겪어.

생각대로 잘 되는 일도 있지만 안 되는 일도 있고, 자신이 기대한 방향과는 정반대의 결과가 나오기도 해. 성적이 잘 나올 거라고 예상했는데 엉망으로 나올 때도 있어. 일뿐 아니라 사람과의 관계에서도 마찬가지야. 오해를 받아서 싫은 소리를 들을 수도 있지. 인생사가 다 그래. 이런 것에 모두 자극을 받는다면 누구도 행복할 수 없을 거야. 살아가면서 겪는 이런 상황과 조건들을 편안하게 받아들이려면 내가 나를 잘 알고 있어야 해. 내가 뭘 잘하는지, 뭘 못하는지, 뭘 싫어하는지, 뭘 좋아하는지, 뭘 재미있어 하는지…….

그리고 내가 가진 인간으로서의 근본적인 가치를 인정하고 있어야지. 그래야 살다 보면 어쩔 수 없이 겪어야 하는 사소한 일들 때문에 나의 가치가 바뀌지는 않는다는 확신을 갖게 돼. 어쩌다 시험을 망쳤어. 결과에 대한 기대가 컸지. 하지만 네 가치관이 확고하기만 하다면 '성적이 떨어지긴 했지만, 열심히 하면 다음 번에는 잘 나오겠지. 공부가 이 세상의 전부인가? 또 하면 되지 뭐. 괜찮아.'라고 말할 수 있는 거야. 다른 사람을 볼 때도 그래. 어떤 아이가 평소에는 그렇지 않다가 딱 한 번 너를 나쁘게 대했다고 하자. 그럴 때 그 한 번 일로 그 아이를 나쁘게 보지는 않아. '평소엔 괜찮은 앤데 오늘은 뭔가 기분 안 좋은 일이 있었나 보다.' 하고 편하게 생각할 수 있게 되는 거지.

청소년기에 가장 중요한 것이 뭔지 아니? 성적? 아니야. 친구? 아니야. 부모? 아니야. 지금으로부터 2천5백 년 전에 고대 그리스 철학자인 소크라테스가 한 말이기도 한데, 바로 너 자신을 아는 거야. 자기 자신을 아는 것은 평생에 걸쳐서 해결해야 하는 숙제야. 솔직히 죽을 때까지 그 숙제를 해내지 못하는 사람들도 많아. 숙제를 빨리 해내는 사람은 이후의 삶이 평온하지만, 숙제가 있다는 것조차 깨닫지 못하는 사람은 평생 혼란 속에서 살게 되지. 그 숙제를 시작해야 하는 순간이 바로 지금이야. 이 책을 다 읽었다고 해도 소크라테스의 물음에 대한 답을 얻지는 못했을 거야. 하지만 아주 잠깐이라도 '난 왜 그렇지?'라고 생각해 봤다면 원장님은 대만족이야. '나는 왜?'라는 질문에 모든 답의 실마리가 있으니까.